第一部分
混合方法：理论探讨

国家社会科学基金项目"应用语言学研究中的混合法研究"（13BYY084）成果

MIXED METHODS

IN APPLIED LINGUISTICS

应用语言学研究中的混合方法

张培 ◎ 著

外语教学与研究出版社
FOREIGN LANGUAGE TEACHING AND RESEARCH PRESS
北京 BEIJING

图书在版编目（CIP）数据

应用语言学研究中的混合方法／张培著． -- 北京：外语教学与研究出版社，
2017.8（2023.11 重印）
　ISBN 978-7-5135-9452-3

Ⅰ. ①应… Ⅱ. ①张… Ⅲ. ①应用语言学－研究 Ⅳ. ①H08

中国版本图书馆 CIP 数据核字 (2017) 第 216580 号

出 版 人　王　芳
责任编辑　付分钗
封面设计　彩奇风
出版发行　外语教学与研究出版社
社　　址　北京市西三环北路 19 号（100089）
网　　址　https://www.fltrp.com
印　　刷　北京九州迅驰传媒文化有限公司
开　　本　650×980　1/16
印　　张　12
版　　次　2017 年 9 月第 1 版 2023 年 11 月第 6 次印刷
书　　号　ISBN 978-7-5135-9452-3
定　　价　45.90 元

如有图书采购需求，图书内容或印刷装订等问题，侵权、盗版书籍等线索，请拨打以下电话或关注官方服务号：
客服电话：400 898 7008
官方服务号：微信搜索并关注公众号"外研社官方服务号"
外研社购书网址：https://fltrp.tmall.com

物料号：294520001

记载人类文明
沟通世界文化
www.fltrp.com

前　言

混合方法在社会科学研究中有"第三次方法论运动"之称，出现在越来越多的领域。应用语言学的研究需要挖掘由动态的、非线性的过程所构成的复杂系统中的各种变化，而混合方法既考察过程又考察结果，是挖掘这些复杂系统的有力途径。混合方法融入到应用语言学原有研究设计和程序中的使用方式前景广阔，这就使得针对混合方法的系统、专门性研究尤为重要。

针对混合方法的方法论和方法研究涉及混合方法的实质、哲学基础、研究设计、研究问题、质量标准等重点问题。混合方法的本质和含义可以从范式、方法论、方法和融入其他策略等多种不同角度探讨。在对混合方法的历史渊源追溯中可以发现，混合方法的精神存在、流露于历史的多个阶段。虽然严格意义上的混合方法研究只有二十余年，但混合方法的痕迹更早、更远。混合方法学界争论的一个重要主题，就是针对严格意义上的、作为单独研究策略的混合方法的哲学基础之争，呈现出无范式说、优势互补说、辩证说、单独范式说、多重范式说（设计观念说）以及领域信念说等多种声音，浮现出实用主义和辩证思想等相对主流观点。混合方法研究之所以生机盎然，正是因为学界视角多样、思想多元。

混合方法的设计研究中，类型导向明显。Creswell & Plano Clark、Tashakkori & Teddlie、Morse 等学者提出若干设计类型。Morse 的理论可以归结为五个要素：理论欲求、主方法、辅方法、节奏、结合点。虽然混合方法的设计可以类型多样，但对于单一研究课题而言，基于理论欲求说的简单式混合设计是我的立场。不同的研究者对于混合方法设计的不同看法，体现了他们对于混合方法实质的不同理解，而这种不同的理解又源于他们不尽相同的认识论思想。

混合方法研究中，研究问题以怎样的方式呈现——本身就是一个需要学界深入思考的问题：混合方法研究中，是否应当仅仅分别提出质化的和量化的问题，还是应当提出一个专门的、明确的有关混合的问题以强调质、量结合的本质？抑或构造一个总括式的问题以涵盖质化和量化问题？如果像学界的主流思想那样，将混合方法置于质化的和量化的方法之间的连续体上，而不是将其视为质、量二分化之外的第三选项，就会出现一个两难局面：混合应该出现在研究问题（或者研究目的）上吗？能够出现在研究问题上吗？还是应当将混合仅限于方法——也就是数据的采集和分析？这些难于回答的问题越多，对这些难于回答的问题的思虑越多，就越发能够理解和接受理论欲求说。

混合方法研究的质量标准又是一个极具争议的问题，学界有趋同标准、分别标准和定做标准等不同出路。由于混合方法本身的复杂和多变的特点，很难寻求一种评估所有混合方法研究的标准。混合方法的质量标准可以随混合方法研究的本质和目的的改变而变。当我们以方法视角看待混合方法之时，混合方法的质量标准就更多地在于其研究设计了。不同的设计有不同的特点。每种设计类型的核心理论特点应当就是检验使用该种设计的混合方法研究的质量标准。

为考察混合方法在应用语言学中的应用，本书基于*Applied Linguistics, TESOL Quarterly, Language Teaching Research, The Modern Language Journal, English for Specific Purposes, International Review of Applied Linguistics, Language Learning*和*System*八刊12年的内容，对使用混合方法的语言教学实证研究进行案例分析，探讨混合方法与三角测量、质化驱动的混合方法、混合方法与语言教师认知研究、应用语言学研究中的混合方法设计等多个专题。

其中，在对混合方法的核心概念三角测量的研究中发现，混合方法的目的不尽相同，但作为混合方法逻辑基础和核心原则的三角测量不应局限在核对结果，即用质化结果确认量化结果这种简单意义之上。超越传统意义的三角测量是超越实证/后实证范式视角的混合方法的方法论。这种方法论重视被研究者视角、解读被研究者视角，通过多种方法的运用和多重数据的释义，形成对研究问题的更加丰富和更加全面的认识，是研究者与被研究者共同建构知识的过程。基于这种三角测量思想的混合方法即使不是质化驱动的混合方法，也是质化方法有重要担当的混合方法。同时发现，与国外相比，国内语言教学研究中混合方法的使用不仅较少，而且混合方法设计的成熟程度、思虑程度以及对质的成分的理解和重视程度明显存在差距。加强混合方法的研究、思考和实践应是我国外语学界一个富有意义的课题。

以质化方法为主的混合方法中，主方法有不同类型，即质化的数据采集方法作为混合方法的主方法，和质化研究传统（或策略）作为混合方法的主方法。前者涉及焦点小组访谈、半结构式访谈和参与者观察等主要质化方法；后者涉及人种志、案例研究、叙事研究、现象学研究、扎根理论等主要质化传统。质化驱动的混合方法研究的总体方向是质化导向，即整体研究的理论欲求是由质化的主方法提供的。这个质化的主方法是整体研究的基础和核心，因此要求这部分的研究必须精心、严谨、高质量完成，因为整体研究的质量取决于此。

语言教学实证研究中，教师认知研究表现为较多使用混合方法的研究领域。究其原因，教师认知研究有着多种不同的方法可能，包括自我报告法、口头陈释法、观察法、反思作文法等，但由于教师认知这一现象的复杂本质，使得每一种用来研究这一现象的方法都存在缺陷——单凭任何一种方法都有问题。可以说，语言教师认知研究对多种方法的结合提出了需要，为混合方法的使用提供了空间。对期刊文献中近几年出现的语言教师认知研究的混合方法设计的案例分析显示，混合方法的使用为研究者带来了关于研究问题的更加细致、深入而准确的理解；同时也发现混合方法设计中的若干值得更进一步思考和探讨的问题，包括量化方法作为教师认知研究混合设计中的主方法是否合适、混合方法中的首方法作为主方法的必要性，以及解释次序式设计中量化阶段的结果对于其后质化成分的塑造和影响。

语言教学实证研究中，尽管质化和量化元素混合使用的研究不少，但将研究设计、策略或方法明确定义为混合方法的研究有限。一定程度上表明，应用语言学领域中混合方法的概念确立和使用不够广泛而且较晚。应用语言学研究中，混合方法的使用以融入到传统研究风格/策略中的方式为主，而将混合方法作为一种单独的研究策略的较少。在语料库研究、调研、互动及语篇研究、实验、案例研究、纵向研究和内省方法等传统研究风格/策略中，都出现了混合方法的融入使用。聚焦明确使用了混合方法概念，即将研究设计或方法明确为混合方法的研究，发现，这些研究呈现出四种混合目的：补充、三角测量、延伸以及补充+延伸。其研究设计显现出的一个重要特点是，横向研究的混合方法设计大多与以Creswell & Plano Clark为代表的设计理论相符，但同时出现了基于已有设计理论的延展设计；其中，次序设计表现为绝对主流，此外还出现了同步设计、同步-次序（或次序-同步）设计、嵌入式设计和多阶式设计。而纵向研究的混合方法设计是一个正在兴起的、需要更多深入研究和挖掘的领域。

虽然应用语言学领域中混合方法的概念引入和确立不足，但无论是否明确了混合方法的概念，不可争的事实在于，过去十几年来，将质化与量化元素相结合的混合方法成为实证研究中不可忽视的、稳固存在的、持续使用和发展的研究方法。最近，学界出现了一种声音——在考察了混合方法研究的根源之后，一些学者认为混合方法研究根本不是新事物，当下学界对于混合方法的兴趣和热情只不过是一时风尚。无人否认，质化和量化方法的结合使用早在上世纪末"混合方法"概念出现之前就已经出现。上世纪早期至中期，研究中既有质化的又有量化的数据并非新鲜，然而在此期间，由于其他范式的地位和"权力"，混合方法从未有过真正的、全面的发展机会。是上世纪80年代、90年代和2000年以后的年代为混合方法研究提供了新的学术氛围和知识环境，使混合方法能够真正全面地诞生、清晰而系统地发展。不可否认，现代混合方法仍有很多不完善的地方，但可以肯定的是，它已完全不同于只分别采集和分析质的和量的数据而已的那些研究。质与量的融合越来越成为现代混合方法研究的标志性特点。可以说，没有这种融合，就没有混合方法。质化与量化研究的结合并非新事物，但现代混合方法强调系统性：若干年以来，这种以质、量融合为目的的系统的研究方式得以很大发展，通过对包括哲学、设计、方法、分析手段在内的研究全过程的研究，实现系统的混合方法的方法论。正是这种系统的方法论，使现代混合方法研究有别于以往任何时候，成为真正意义上的混合方法研究。应用语言学领域，使用混合方法的研究已经占有相当比例。在使用混合方法的时候，研究者对于混合方法的哲学思考、对于混合方法研究原则的理解、对于混合方法的方法论的认知和探究是十分重要的。应用语言学研究者需要理解混合方法的方法论，因为高质量的混合方法研究绝非质的部分质化做、量的部分量化做而已。混合方法的研究目的、研究设计、取样策略、数据采集和分析方法等方法论问题上的思考、钻研和呈现是实现高质量的、真正意义上的混合方法研究的前提。应用语言学界和混合方法学界必须是互动的关联，使混合方法研究的理论照耀应用语言学研究中的混合方法实践，并在实践和应用中回馈理论，形成新的理论和不断完善的混合方法的方法论。

本书是作者主持的国家社科基金项目的研究成果，是对混合方法理论以及混合方法在应用语言学研究中的应用所做的探讨。诚恳希望读者提出批评、意见和建议。

感谢刘婷婷、张昕昕在数据分析阶段付出的辛苦和努力。感谢陈颖仪、魏蒙蒙为本书做文字校对。

目 录

在社会科学研究方法领域，混合方法是量化、质化两大传统之后的第三次方法论运动（Tashakkori & Teddlie，2010）。在二十余年的发展历程当中，混合方法这片土地的风貌发生了令人瞩目的、激动人心的变化。而混合方法的迅速发展特别得益于*Handbook of Mixed Methods in Social & Behavioural Research*（Tashakkori & Teddlie，2003）第一版的出版。自那时以来，混合方法引发了越来越多的兴趣和重视，表现在：社会科学多种学科已经接受并使用混合方法，涌现出*Journal of Mixed Methods Research*等专门针对混合方法研究的期刊和International Conference on Mixed Methods Research等专门针对混合方法研究的学术会议。混合方法的研究课题获得国外（Creswell，2010）和国内资助。混合方法学界的概念不断加强；混合方法学者的队伍不断壮大。

迄今为止，针对混合方法的研究可以归结为三大主要问题：一是概念性问题，包括混合方法的实质及其哲学基础；二是程序性问题，涉及混合方法的方法论和方法；三是应用性问题，即混合方法在不同学科和研究领域中的使用。图1呈现混合方法研究的主要研究内容：

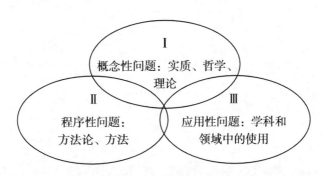

图1 混合方法研究的主要研究内容

（基于Teddlie & Tashakkori，2010和Creswell，2010）

本书的逻辑正是建立在这些重点问题之上，从混合方法的实质入手，围绕混合方法的哲学基础和研究设计等问题重点展开探讨，并以实证资料为基础，考察混合方法在应用语言学领域中的应用。

一、混合方法的实质

　　围绕混合方法的定义，学界呈现出广泛的讨论和多种多样的声音。混合方法定义的变化体现了这样一个过程：开始时，混合方法被看作是两个分别的部分——量化和质化之间有明显的界线；到了20世纪90年代中期，混合方法的概念由两个分别的部分向两个部分之间的关联转变（Creswell，2009）。在这关联之中逐渐形成了今天我们对于混合方法的理解。较早的Greene，Caracelli & Graham（1989）对混合方法的定义强调方法的多样性，而后的Tashakkori & Teddlie（1998）的定义则将重点转移到方法论上。方法与方法论的差别在于，前者指数据采集、数据分析乃至释义的过程，而后者涉及从哲学观到步骤和手段的研究过程的全部。在混合方法学界，学者们以不同的视角看待混合方法。强调方法的学者将方法视作整体研究过程的一个组成部分；强调方法论的学者聚焦质化和量化研究如何遍布研究过程的各个阶段。此外，一些学者聚焦混合方法的哲学思想，而还有一些学者将混合方法融入到传统研究设计之中。

　　混合方法定义上的不同主要表现在下述问题上的分歧：

　　● 混合什么：混合方法，还是混合方法论，抑或是混合研究类型？

　　● 混合发生在哪个阶段：数据采集阶段，还是数据分析阶段？

　　● 混合到什么程度：混合数据，还是从数据一直到世界观？

　　● 混合的目的是什么：补充、三角测量、发起、延伸、发展还是其他？

　　● 研究的驱动力是什么：由下而上、由上而下，还是核心方法？

　　正是由于这些不同的理解和不同的角度，Johnson et al.（2007）

提出了一个混合方法的复合式定义：

> Mixed methods research is the type of research in which a researcher or team of researchers combines elements of qualitative and quantitative research approaches（e.g., use of qualitative and quantitative viewpoints, data collection, analysis, inference techniques）for the purposes of breadth and depth of understanding and corroboration.
>
> （Johnson, Onwuegbuzie & Turner, 2007：123）

　　这种复合式定义能否被每个人接受则另当别论。Creswell（2010：51）就以他直接而诙谐的方式指出，"我将混合方法主要视为一种方法，因为让每个人都相信哲学思想能混合这件事难度较大。"而哲学思想的混合恰恰是以方法论视角定义混合方法的观念基础。关于哲学思想的争论，在本书中将有较为详细的讨论。而哲学思想能否混合在极大程度上影响研究设计，也是本书将要讨论的一个重点。但在本书开始的部分，我在描述学界不同观点的同时，必须阐明自己的立场。我看待混合方法，是从方法的角度，主要以数据采集和/或数据分析为特征，即单一研究项目中，质化和量化数据的采集和/或分析，以及两种数据的关联和结合。我倾向于Creswell et al.（2003）对混合方法的定义：

> A mixed methods study involves the collection [and/]or analysis of both quantitative and… qualitative data in a single study in which the data are collected concurrently or sequentially, are given a priority, and involve the integration of the data at one or more stages in the process of research.
>
> （Creswell, Plano Clark, Gutmann & Hanson, 2003：212）

　　如前所述，混合方法学界给予混合方法的定义不尽相同，对于混合方法的本质有着多种不同的认识。这些不同的认识和角度可由图2呈现：

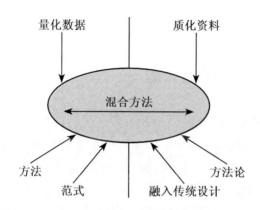

图2　混合方法的实质

（基于Creswell，2010：51）

　　在这里，混合方法不仅仅是质化和量化两种类型数据的收集，而是两种类型数据的联系和结合。图中呈现的"混合方法"的圆如同混合方法学界一般，不同组别的学者纷纷进入到这个领域：有些是方法导向，有些是方法论导向，有些是哲学导向，还有些是在传统研究设计中使用混合方法的导向（Creswell，2010）。

二、混合方法的哲学基础

1. 混合方法的历史渊源

Johnson & Gray（2010）对西方哲学史的回顾描绘出史上分隔量化和质化研究的核心思想和辩论，显现出范式战争的思想根源可以追溯到古代哲学，并且至今仍存在。纵观历史，类似量化、质化和混合的思想流露于史上各个阶段，特别是在关于知识的争辩之中。总体上说，自远古以来，一种类似量化思想的世界观主导着西方哲学；然而，在有记载的历史当中，类似质化精神的思潮持续不断地给量化的主导地位制造麻烦：

A QUAN-like worldview has generally dominated Western thinking since ancient times; however, QUAL-like pockets of thought have continued to trouble the dominant view for most recorded history.

（Johnson & Gray，2010：90）

混合方法的思想根源同样可以追溯到很远。一直以来，都有一种在对立冲突思想之间的辩证立场，这种立场试图综合对立双方各自的重要成份从而形成第三条出路。第三条出路的核心就是平衡和妥协（Johnson，Onwuegbuzie & Turner，2007）。

西方思想史上关于知识的争论直接关系到研究方法的发展。造成我们今天范式差别的很多最深层次的分隔自远古时代就已存在。柏拉图和苏格拉底对于智辩派的排斥源于本体论立场上的对立，是关乎现实和知识的观点上的矛盾。前者是绝对论者，而后者信奉相对主义。可以说，柏拉图和苏格拉底之于智辩派的思想对立是西方文明史上范式战争的开端（Johnson & Gray，2010）。如果说柏拉图是最早的寻求确知的理性主义者，那么亚里士多德应该是最先寻求对于所见和所体验之世界的理解的实证论者（经验主义者）。对于柏拉图来说，推理证据不可或缺；而亚里士多德似乎接受相互主观性。对于亚里士多德，推理、归纳、辩证法和观念可以成为理解世界的互补方法，而这正是混合方法的精神所在。在这种意义上，混合方法的思想基础可以追溯到亚里士多德。其所谓"黄金中庸"强调的正是平衡，可以说，亚里士多德提出的是一个彻底的混合方法知识论（Johnson & Gray，2010）。

在中世纪，我们看到，一方面有在大学开设自然哲学课和增加运用实验的呼声，另一方面则有解释学的创立。而一种类似混合方法的视角显现于彼得·阿贝拉德的著作《是与否》（*Sic et Non*），为解决两端对立提供了中间立场。

文艺复兴时期，弗朗西斯科·培根是归纳和实证方法（经验主义）的代表。在他的方法论著作《新工具》（*The New Organon*）中，培根强调实证方法的运用，指出研究者须置身于研究过程之外，研究不能携带价值观、必须系统地进行。在此后的年代里，实证论者正式确立了实证主义哲学。这个时候的实证论者（经验主义者）是量化思想者，而詹巴蒂斯塔·维柯却是一个典型的混合方法思想者，因为他理解建构主义的重要性，主张以多种立场和方法获取更为全面的、互补的知识。

Johnson & Gray（2010）认为，18世纪末至19世纪的浪漫主义时期是对启蒙运动时期过激思想的一个辩证反映。启蒙运动时期的哲学家们将人与物几乎等同，认为一切皆由自然和环境决定。而浪漫主义时期的作家和学者拒绝将人等同于物，试图将人的一面重现为重点。因此，Johnson & Gray视浪漫主义为质化思想的一个重要的早期影响，而浪漫主义对差异的侧重也与20世纪后现代主义有相似之处。从混合方法的角度来看，浪漫主义思想纠正了一个不平衡的局面，与启蒙运动思想一起，为解读人的世界提供了更加全面的可能。

德国哲学家伊曼努尔·康德被认为是唯心主义哲学的奠基人。他提出的数量与质量都重要的观点与混合方法的核心原则一致。他的先验观念论与其他的德国唯心主义思想家（例如谢林、赫尔德和黑格尔）不同，后者与今天的质化思想更加接近。他们强调人的思想的重要性，与自然科学的立场形成反差，为社会建构主义和主观主义作了铺垫。这些唯心主义思想家对后续人类学的发展以及质化和混合方法思想的发展具有重要影响。

所谓"科学方法"的发展使19世纪成为一个重要的量化方法的转变时期，验证假设正式成为关键的量化科学方法（Proctor & Capaldi，2006）。19世纪30年代，奥古斯特·孔德提出实证主义，就此古典实证主义哲学诞生，对于量化方法来说，十分重要。而对质化方法有重要作用的则是威廉·狄尔泰和马克斯·韦伯的思想。前者强调解释学的重要性，以及自然科学与人文科学的分别，这对量化方法与质化方法的分离有重要影响。狄尔泰和韦伯既重视客观又关注主观，韦伯还以解释社会学将宏观与微观联系起来。

达尔文的进化论对于量质争论有着非常特殊的影响。进化论本身虽然是一个量化的科学理论，但质化思想者从中汲取重要养分——那就是动态的现实和非静止的真理，因为进化论揭示了新的物种如何通过自然选择而出现，是机会与环境之间的一种长时间的互动。它挑战了柏拉图式真理的一成不变和自然科学还原论者关于一切现象最终归于不变物理定律的假想（Johnson & Gray，2010）。

20世纪出现的逻辑实证主义是第二个也是最后一个实证主义，后发展为逻辑经验主义，现在成为所谓后实证主义。今天的量化研究者大多是后实证主义者。后实证主义与实证主义有很多不同，包括承认价值观负载的事实以及部分现实的社会建构。

现象学、文化相对论、象征互动论、批判理论、后现代主义等哲学思想是20世纪主要的质化思想。现象学派思想家包括艾德门德·胡塞尔、马丁·海德格尔、彼得·伯格和托马斯·卢克曼等。现象学的核心哲学思想包括：1）回归传统哲学：到19世纪末，科学研究已被局限于实证（经验）方法。回归传统哲学是将哲学回归到迷恋实证科学之前的古希腊理念中的哲学。2）不带预先假想的哲学：将所有的判断悬挂起来，直至找到更加确定的根据。3）客体的现实与人的意识密不可分：现实不分主体和客体，而具有双重性，因而4）拒绝主、客二分化（Stewart & Mickunas，1990）。可以看出，现象学的哲学思想中蕴含着后来混合方法的一些重要基础，特别是在对二分化的反对当中。现象学派学者伯格和卢克曼合著的《现实的社会建构》中，将宏观与微观、客观与主观相互关联，这种关联正是混合方法的重要原则。

以卡尔·马克思的著作和20世纪法兰克福学派的思想为基础的批判理论认为，社会建立在权力关系之上，应当批判地分析。批判理论的目的是减少不平等——传统意义上的阶级不平等，以及后来涉及的性别、种族、民族、年龄和国家间的不平等。批判理论的角度就是赋予人们自主权力以超越其种族、阶级和性别的束缚。从研究设计的角度来说，批判理论者可以采用多种不同的策略，例如人种志、案例研究、行动研究（Creswell，2007）。Mertens（2007）和Hesse-Biber（2010）对批判理论与混合方法的结合作了专门讨论。

后现代主义在更多意义上是一次艺术和文学运动，主要是针对现代主义的批评。在这场运动中，所谓现代主义实际是启蒙运动的同义词。与其将后现代主义看作是一个理论，不如将其视为具有共通点的一组思想和视角（Slife & Williams，1995）。其基本概念在于，知识的获取必须在今日世界的境况之下以及阶级、种族、性别和其他组群的多重视角之下进行。这些境况显现于等级、权利以及语言的多重意义之中。让·鲍德里亚和雅克·拉康是后现代主义的代表，他们的著作强调个体之间的差异以及重复释义的重要性。从研究方法的角度，后现代主义为之前量化主导、以泛论为目的而忽视差异和细节的局面加入了必要的平衡因素。

纵观历史，可以发现混合方法的精神存在、流露于历史的多个阶段。虽然严格意义上的混合方法研究只有二十余年（Greene，2008；Creswell，2010），但混合方法的痕迹可追溯到更早、更远。20世纪初，在量化研究成为社会科学研究的主导范式之前，混合方法就已经存在（Johnson & Gray，2010）。Fry（1934）的 *The Technique of Social Investigation* 一书中就有 Combining Methods of Study 章节。他认为：

...research work usually requires more than proficiency in one particular technique. Time and again the really creative part of a social inquiry is deciding how different approaches should be combined to yield the most fruitful results.

（Fry，1934：136 见于 Johnson & Gray，2010：87）

1966年，被认为是混合方法基本原则的三角测量的概念出现（Webb et al.，1966；本书后面章节对三角测量有专门讨论）。但研究混合方法的著作集中涌现是在20世纪80年代末、90年代以后。混合方法研究形成气候是从这个时候开始，特别是在 *The Handbook of Mixed Methods in Social & Behavioural Research*（Tashakkori & Teddlie，2003）第一版出版以后，混合方法迅猛发展。

2. 混合方法的哲学基础

围绕混合方法的哲学问题，混合方法学界一直讨论不休。无论是被称为范式基础还是观念立场，混合方法的哲学讨论在 *Handbook* 第一版（2003）和第二版（2010）都占有重要位置。综合这些年的发展，混合方法哲学基础的争辩呈现如下主要学说：无范式说、优势互补说、辩证说、单独范式说、多重范式说（设计观念说）以及领域信念说。

混合方法的广泛使用和成功实践虽然已使"不相容说"（所谓"不相容说"主张由于构成研究方法之基础的哲学体系的不相容，质化、量化方法无法混合）偃旗息鼓，然而学界仍然对混合方法研究者是否/应否持有哲学观、持哪种哲学观、其哲学观是否/应否因研究设计的不同而改变等根本问题众说纷纭。

无范式说认为，对于在真实背景下所进行的很多研究，特别是应用领域的研究而言，范式于实践无关紧要："实际操作当中，方法可以脱离其认识论根源"（Patton，2002：136）。Greene（2007）认为，混合方法研究实际上是贯彻着两种完全对立的思想框架里的一个——要么是无范式观念，要么是纯粹主义观念。这两种观念是围绕真实世界背景下如何真正从事研究而产生的对立。无范式观念者是方法导向，而纯粹主义者则是思想导向——前者也被称为方法论类型，后者为哲学家类型（Leech，2010）。

优势互补说认为，范式并非不相容，但范式是不同的，在混合方法研究中应当分别开来。Morse（2003，2010）的理论欲求说可以认为是互补说里的一个代表，在本书混合方法设计章节中讨论。

以 Greene & Caracelli（2003）、Greene（2007，2008）、Greene & Hall（2010）为代表的辩证说认为，所有范式都有其自身优点，没有任何一种范式优于其他范式。与实用主义者对传统研究范式的不屑相反，辩证思想者尊重所有传统范式，认为混合方法就是要有意地将不同范式及其思想运用到一起以便更好地了解事物。达到这种更好地了解的过程是辩证的——不同的研究范式提供不同的、可贵但不全面的、有时甚至是相互对立或矛盾的认识和见地。这里所强调的不同并不是传统意义上的范式对立，而是那些清晰显示不同研究传统间差异并值得我们去注意和尊重的重要特征（张培，2010）。辩证思想者强调哲学思想对于研究的重要性，但这并不等于抛弃背景的重要性，而是力求研究者在哲学因素和实际因素之间取得平衡。

单独范式说的初衷是为混合方法找到一个哲学支撑，如同建构主义支撑质化方法、后实证主义支撑量化方法一样（Teddlie & Tashakkori，2003）。单独范式说中最主要的思想当属实用主义。而在所有关于混合方法哲学基础的争论当中，实用主义也是最主流的声音。主张实用主义作为混合方法的范式基础，以 Maxcy（2003）、Teddlie & Tashakkori（2003）、Johnson & Onwuegbuzie（2004）、Bryman（2006）、Johnson, Onwuegbuzie & Turner（2007）、Biesta（2010）、Feilzer（2010）、Tashakkori & Teddlie（2010）等为代表。这种观点认为研究世界由三大范式构成：量化研究、质化研究和混合方法研究，每个范式都基于一种哲学体系，分别是实证/后实证主义、建构主义和实用主义。也可以说，混合方法成为量化和质化两大传统范式之间哲学和方法学上的中间路线。这种观点强调研究的实用性和背景性，主张研究问题决定研究方法、研究结果至上。

多重范式说实际上是一个设计立场，指范式与方法——更确切地说，范式与研究设计之间可以紧密联系。同步设计（或称平行设计，即研究中质化和量化资料/数据采集同时进行）的混合方法研究可以以一种范式，如实用主义为基础；而在次序设计（即混合方法研究中质化和量化资料/数据采集分次序进行）中，范式则可以转变，例如在先量化后质化的研究设计中，研究者可以先是后实证角度，而后建构主义（Creswell & Plano Clark，2007）。Creswell 自己也承认这种观点并不为所有人欣赏（Creswell，2009）。

学界信念说是目前混合方法范式讨论中出现的又一个观点，以 Morgan（2007）和 Denscombe（2008）为代表。这种观点视范式为"研究者共享的信念体系，它影响研究者所求之知识及其对所获数据之解释"（Morgan，2007：50）。也就是说，范式能够代表某一研究领域中研究者所共享共知的那些信念和观点。在某一领域中，研究者在诸如哪些研究问题最具意义、哪些研究过程最为合理等问题上存在共识。简言之，研究者多是以其所在学界的角度去看待范式问题，因而范式具有学界的信念特征。

以上述观点为代表的混合方法哲学基础的讨论仍在继续。尽管立场不同，但大多数混合方法研究者的出发点是一样的，那就是范式多元。对于混合方法研究者来说，需要思考不同的范式思想都是什么、哪一个与自己的视角最为接近。而在当今的混合方法学界，最为广泛接受的范式思想包括实用主义和辩证思想（Tashakkori & Teddlie，2010）。

2.1 实用主义与混合方法

认为实用主义是混合方法的最佳哲学基础的代表人物Teddlie & Tashakkori（2003）将实用主义理解为如下几个要点：

● 实用主义支持同一研究中质化和量化方法的结合使用，拒绝不相容论。

● 实用主义研究者认为研究问题要比所用方法或支撑该方法的范式都重要，所谓研究问题至上。使用混合方法还是质化方法还是量化方法，取决于当前的研究问题和所处的研究阶段。

● 实用主义者拒绝在后实证主义和建构主义之间进行逻辑、知识论等方面的被迫选择，拒绝非此即彼，而是彼、此都能接受（或是二者之间的一个立场）。

● 实用主义者回避使用形而上的概念，如"真理"、"现实"，因为这些概念导致了无尽的、而常常又是无用的争论。

● 实用主义所提供的是一种非常实际的、应用的研究哲学。

Tashakkori & Teddlie（1998）将以实用主义为基础的混合方法的研究原则阐述为：

Study what interests and is of value to you，study it in the different ways that you deem appreciate，and utilise the results in ways that can bring about positive consequences within your value system.

（Tashakkori & Teddlie，1998：30）

在混合方法的哲学争论中，实用主义无疑是最流行的观点。为什么实用主义广受欢迎？一个主要原因就是混合方法常常是在应用背景下使用，这种背景下研究决策往往强调多重数据源。应用领域常常需要混合方法的使用以理解复杂的社会现象，也就是说，混合方法往往是实用主义视角下的研究决策。此外，研究问题主宰一切的观点对于社会和行为科学领域的很多研究者来说很有吸引力，而摒弃质化、量化立场之间的被迫选择，接受两种立场的不同思想也受到很多研究者的欢迎。

虽然实用主义观点盛行，但批判的声音从未间断。Mertens（2003）就尖锐地指出，实用主义并未解决"为了谁？什么目的？"这样的问题。

> The value of pragmatics that drives the desire to adopt a mixed methods stance in research is seen as inadequate and unexamined because it does not answer the question "Practical for whom and to what end?"
>
> （Mertens，2003：159）

实用主义者强调，混合方法的使用并非基于特定的哲学思想，而是由研究所要解决的问题驱动。当然，研究者所选择的方法必须适合于其研究目的。但实用主义者的立论仅仅在于目的决定方法，抑或研究方法的使用为研究目的的实现。更何况，当人们推崇实用主义为混合方法的哲学基础时，实际上是趋于将日常意义上的实用主义当作哲学意义上的实用主义了。所谓日常意义上的实用主义是指在特定的研究目的和研究目标之下选择混合方法为最适合的研究方法的实际理由。而哲学意义上的实用主义是一种哲学传统。当我们将实用主义作为混合方法的哲学基础进行讨论的时候，我们需要首先追溯实用主义这种哲学传统的历史根源。

实用主义是19世纪后半叶由美国哲学家查尔斯·桑德斯·皮尔斯开始的一场哲学运动。这个典型意义上的美国哲学的代表人物包括威廉·詹姆斯、约翰·杜威、乔治·赫伯特·米德以及阿瑟·本特利。这些思想家的一个根本共同点在于摒弃了关于知识本质和研究本质的传统思想。他们认为，有意义的研究并非始于一个方法或一套方法，而是寻常的经验和对更好世界的渴求。实用主义进入到研究方法学领域约是在1861或1862年，皮尔斯提出科学研究的体系包括三个层次：被观察的客体、科学研究者以及研究者用来理解、描述、解释世界的符号（Maxcy，2003）。而实用主义哲学家当中最具影响力的当属杜威，他漫长的职业生涯和广泛的著述给20世纪前半叶围绕科学研究的争辩带来重要贡献。

　　早期的实用主义哲学家受到英国哲学和欧陆哲学的影响。后来的新实用主义（即20世纪60年代以后）基于早期皮尔斯、詹姆斯、杜威、米德和本特利的成果，但作了重要的思想重建。实用主义哲学的所有奠基者都来自美国农村，他们见证了西进的过程和科技的兴起，感受到仿佛生活在一个社会和文化迅猛变化的时代。他们相信美国、相信人性、相信通过睿智的行动，人类有能力改善环境。早期的实用主义哲学家一致认为：人的思想与行动密不可分；理论与实践紧密相连；现实处在变化之中；人不受外部力量支配，相反，人以其智慧能够决定其经历。新实用主义在坚持早期实用主义一些根本思想的基础上，强调更加丰富的研究方式的重要性，主张更加民主、更富活力的生活形态。与早期实用主义相比，新实用主义是一个批判模式和后解放模式。无论新、旧实用主义思想之间，还是新实用主义思想家之间以及早期实用主义思想家之间，都存在很多差异。但重要的是看到实用主义思想的共同根源和方向。我们今天所说的实用主义哲学是一个土生土长的美国哲学，是一个源于常识、致力于改变文化和解决矛盾的哲学：

Pragmatism…is a philosophy rooted in common sense and dedicated to the transformation of culture, to the resolution of the conflicts that divide us.

（Sleeper，1986：8-9）

　　尽管实用主义哲学有多种不同的版本，但贯穿实用主义哲学框架的核心原则包括如下几个方面：

● 抛弃精神与物质二元论的传统思想。

● 认为知识既是建构的，又是人与环境互动的结果。

● 承认知识有可能是错误的，因为我们无法确定现在的知识是否适用于未来。

● 相信真理来自经验，绝对真理只由历史决定。

● 主张解决问题的、聚焦行动的研究过程。

● 强调结论只在特定研究背景之下成立，而在新的研究当中这些结论的价值必须重新建立。

● 坚守民主、自由、平等和进步的价值观。

特别值得注意的是，实用主义哲学——特别是杜威的实用主义哲学的重点从传统的知识论问题转移到人与环境的互动，包括自然互动和社会互动。这些互动体现了个人适应环境而经历的变化过程。这些个性的适应性的互动受到人的先前经验的影响，在这样的过程中人创造了属于他/她自己的世界。而当人们一起工作之时，个人的世界就会发生改变以顺应群体的反应从而实现共同的目标。这些对于环境的个人的和社会的反应代表着所谓经验——知识就是从这些经验中来，在经验中完善（Johnson & Onwuegbuzie，2004；Biesta，2010；Greene & Hall，2010）。

杜威实用主义哲学的首要贡献在于知识论。现代知识论中，关于知识的问题常常是人的大脑如何获取其外部世界里的知识这一问题。这种精神与物质的二元论成为现代知识论的主题，来回答人的思维如何联系外部世界这个问题，也为主观与客观的分界提供了框架。这是一个求知的主体和被知的客体之间的分别。如果知识描绘出客体本身如何存在，这种知识就是客观的。如果认为这种知识不可能实现，唯一的其他出路就是主观知识，是人的思维活动产生的知识。杜威的知识理论冲破了这种精神（或者思维）与物质的二元框架，他没有从主观的求知者和客观的世界这个角度出发，而是提出了一个基于互动的新的理论框架。

所谓互动，也称交易，泛指自然界的现象。而生命体与环境之间的双向互动构成所谓经验。杜威将求知视为一种支撑行为的经验，旨在领悟行为及其后果之间的关系。求知的结果是帮助我们能够更好地控制行为，即获得规划和指引行为的能力。这种能力在那些我们不知如何行事的境况里尤为重要。杜威认为，所有的经验都同等真实，因为它们都是生命体与其环境之间的互动。经验本身并不能带给我们知识。经验与知识的差别在于，知识关注的是经验的出现，也就是说，知识与行为密不可分。杜威知识理论的重点就在于发现经验产生的条件和后果。这是一种从关切事物本身到关切"某物所属的历史"的角度的转移，意味着知识的重点在于行为和后果之间的关联：

[It is a shift from] knowing as an aesthetic enjoyment of the properties of nature as a world of divine art, to knowing as a means of secular control—that is, a method of purposefully introducing changes which will alter the direction of the course of events.

（Dewey，1929：81见于Biesta，2010：108）

要想获取知识，我们需要行为。行为是知识的必要条件，但不是唯一条件。我们还需要思考或者反思。反思与行为的结合才能产生知识。杜威认为，知识总是有关行为及其后果之间的关系。这意味着，知识是一种建构。但与二元论中建构主义的立场（即强调精神的、主观的立场）不同，杜威的建构主义是互动的建构主义，强调知识既是建构的，又是真实存在的。正因如此，杜威的哲学思想有现实主义色彩（Sleeper，1986）。如果知识关乎我们的行为及其后果之间的关系，那么知识能够带给我们的永远是可能而不是确定。我们在仔细观察我们行为后果的基础上得出的结论显现了在这一特定的互动背景下的可能情况。有些时候，一种背景下的可能在另一种背景下并不可能，因此我们对行为之后果所做的结论仅限于该后果所产生的特定背景。这并不是说一种背景下产生的结论对于其他背景无用，但是一种背景下获得的知识转移到其他背景须有严密的观察和感知并指出解决问题的可能性。而这些可能性究竟能否解决新的特定背景下的特定问题，只能在我们行动之时找到答案（Biesta，2010）。

实用主义哲学视阈下，我们获取知识的唯一途径是通过行为和反思的结合。这就意味着，知识是行为及其后果之间的关系的产物，而不是一个"外面的世界"，一个在求知行为之前就已然存在的孤立的实体。长久以来，在关于知识以及研究在知识产生中的作用的问题上，一直存在着二元论，即客观主义和主观主义。前者认为真正的知识必须是客观的知识；后者认为知识只能是主观的，因为我们永远无法确定我们的思维能够真正到达那"外面的世界"。类似这两种观点之间的分歧就是所谓物质与精神二元论（Biesta，2010）。杜威的一个重要贡献就在于把造成二元论的框架解体。他从一个不同的出发点切入，使得主观和客观的二分化失去意义。这个出发点就是互动的角度。所谓客观，是对一个完全独立于我们、不为我们所触及的世界的描绘，而这显然是不可能的。如果我们想要了解世界，我们必须互动；而我们对世界的了解只能通过它如何回应我们而获得。我们所建构的世界正是这样一个动态过程的结果，而这种动态就是经验：The world we construct emerges out of the doing-undergoing-doing dynamics of what Dewey calls experience（Biesta，2010：111）。借此，杜威摒弃了客观主义，并坦承主观主义并不是问题，因为当我们与他人互动的时候，就有了我们的主观世界与他人的主观世界之间的协调、沟通与合作，从而由各自的主观世界建构起一个主体间性世界：

> … through interaction, cooperation, coordination and communication, we construct an intersubjective world out of our individual, subjective worlds. By showing that objectivity is simply not possible, that subjectivity is not always a problem, and that intersubjectivity addresses those instances where the subjectivity of knowledge does become a problem,

Dewey presents us with a position that helps us to overcome the stalemate between objectivism and subjectivism.

（Biesta，2010：112）

杜威认为，没有任何一种知识可以说成是对世界的更深入、更真实的反映。知识的不同是我们接合世界的方式不同的结果，即不同行为的不同后果。这种思想对于混合方法研究意义重大，因为它抛弃了不同方法之间孰优孰劣的争执，为不同方法产生不同结果的论点提供了哲学理由。在实用主义哲学视角下，研究结论是相对于结论产生的过程和步骤而言，在没有特定方法论和方法支撑的情况下，不能妄下结论。

杜威的实用主义哲学对于我们如何看待研究以及研究与实践的关系都有影响。在杜威的实用主义视角下，研究——或者科学，并非高于常识或日常知识。这种哲学摒弃了科学单纯与知识相关、实践单纯与行动相关的思想，主张研究与实践之间应当是相互增进的关系而不仅仅是研究指导实践。对于混合方法研究尤其具有意义的是，杜威的实用主义哲学摒弃了在一对极端思想之间进行选择的必要，即研究结果要么是彻底地仅限于某一特定背景，要么就得是能够泛论的一套原则：

[Dewey's pragmatic view of inquiry] rejects the need to choose between a pair of extremes where inquiry results are either completely specific to a particular context or an instance of some more generalised set of principles.

（Morgan，2007：72）

实用主义哲学对于研究并没有固定的方法论要求，而是以一个行动-知识框架来指导研究（Greene & Hall，2010）。实用主义研究者可以选择适合于其境况的任何方法，拓展多重数据源的混合以获得和改进知识，借此影响问题的解决和行为的发生。

杜威的实用主义强调，研究能使我们洞察可能的情况，而不是绝对的情况。实用主义并不能为所有形式的混合方法研究提供哲学理由，而是能够帮助混合方法学界就特定研究设计基础上取得的知识（即研究结论）的价值、水平和有效程度提出更加准确的、有力的问题。在经过了以 Patton（1990）、Datta（1997）、Tashakkori & Teddlie（1998）、Bazeley（2003）、Maxcy（2003）、Rallis & Rossman（2003）、Rocco et al.（2003）、Johnson & Onwuegbuzie（2004）等为代表的将实用主义作为混合方法哲学基础的主张和拥戴之后，学界对于实用主义哲学及其与混合方法的关系有了更深入、更清醒的认识和理解。近来，以 Biesta（2010）和 Greene & Hall（2010）等为代表的学者强调指出，实用主义并不能成为混合方法的那个所谓的哲学基础，但它能够帮助混合方法研究者对其研究设计的哲学意义和哲学理由给予更多推敲和更加深邃的、有益的思考。这是因为，实用主义哲学与许多其他哲学不同，它不应被理解为一个哲学立场，而是一套哲学工具——能够解决问题的哲学工具。实用主义哲学的一个核心思想就是，哲学活动应当针对解决问题，而不是构建体系：

John Dewey（1922）explicitly warned against system building in philosophy by characterising the tendency to conflate the outcomes of specific inquiries with antecedent ontological conditions as "the philosophical fallacy".

（Biesta，2010：97）

这是对实用主义为混合方法哲学基础之说的最痛切的打击。然而，这并不是说实用主义对于混合方法研究没有意义，但这种意义不在于它为混合方法提供了范式根基，而在于它帮助我们更加准确地理解和洞察各种混合方法设计的优势和缺陷。

围绕实用主义与混合方法，学界争鸣不断。除了上述主张实用主义为混合方法的范式基础、主张实用主义并不能成为混合方法的范式基础但能帮助研究者对其研究设计进行有益的哲学思考这些观点之外，学界还出现了另外一种声音，认为实用主义不仅可以支撑混合方法，而且可以是所有类型研究的范式基础。

Morgan（2007）将由本体论-知识论-方法论组成的由上而下的思想体系称为形而上范式。这种范式强调，关于现实之本质的本体论思想决定着关于知识之本质的知识论思想，而知识论思想进而又限制着方法论思想。这在 Guba 和 Lincoln 的著作中（Lincoln & Guba, 1985, 1988；Guba & Lincoln, 1994；Lincoln & Guba, 2000）十分明显，他们当年寻求的是相对于实证主义的另一范式、一个能与实证范式抗衡的范式。他们极具影响力的论著是20世纪80年代以来质化研究重新崛起的一个原因。虽然 Guba 和 Lincoln 的理论框架给予本体论、知识论和方法论同等权重，但其由上而下的导向无疑使形而上问题，即本体论问题成为重点。正因如此，Morgan 将这种思想体系称为形而上范式。

形而上范式强调知识论对于社科研究方法论的重要性以及研究者的世界观在其研究工作中的核心地位。在这两个重要问题上，Morgan 倡导的实用主义范式与形而上范式有分歧也有共同之处。实用主义范式聚焦方法论，而不是知识论，将方法论视为联系抽象层面的知识论问题与技术层面的实际方法的中间区域。Morgan 认为，纯粹的知识论问题成为社科研究方法论中的主要关切并无道理，因为那是哲学家的领域。形而上范式由上而下的导向不仅在知识论和方法的相互关系中给前者以特权，而且使本体论问题成为一切之上的重点。相形之下，实用主义的研究策略给予知识论问题和具体实施研究的技术问题同等重视，强调方法论、知识论之间的关联与方法论、方法之间的关联同样重要。而在研究者的世界观对其研究的重要影响这个问题上，实用主义范式坚持并发扬形而上范式的思想。这是因为，当我们说哪些问题是重要的、哪些方法是合适的，我们需要知道，问题不是与生俱来地重要，方法也不是自动地合适，是我们在做出选择——关于什么是重要的、什么是合适的选择。而我们的选择不可避免地受到我们的个人历史、社会背景和文化思想的影响。作为研究者，我们需要继续对研究什么、怎样研究这些问题做出的选择进行反思（Morgan，2007）。Morgan的实用主义范式强调，研究者必须认真考察对于其研究决策，即研究什么、怎样研究，具有最重要影响的那些世界观因素。

Morgan（2007）将实用主义研究视为质化和量化研究之外的第三个社科研究方法论，并在理论与数据之关联、研究者与研究过程之关系、数据之释义等方面将实用主义研究与质化研究和量化研究进行对比（见表1）：

表1. 实用主义研究——社科研究的另一个方法论

	质化研究	量化研究	实用主义研究
理论与数据之关联	归纳	推理	不明推论式
研究者与研究过程之关联	主观性	客观性	主体间性
数据之释义	背景性	普遍性	可转移性

（基于Morgan，2007：71）

归纳和推理历来是区分质化研究和量化研究的核心内容。Morgan强调，从理论到数据或者从数据到理论的实际过程从来都不是单一方向，实际的研究过程不可能是单纯地要么理论导向要么数据导向。[这一点与本书后面将要讨论的Morse（2003，2010）的理论欲求说有明显不同：Morgan强调归纳与推理之间的往复，而Morse强调虽然往复存在，但一项研究的整体方向或者理论欲求是一个，要么归纳，要么推理。]实用主义研究所依靠的正是一种往复于归纳和推理之间的不明推论式逻辑——所谓"将观察转化为理论，而后通过行为检验理论"（Morgan，2007：71）。这种不明推论式过程其实如同混合方法的次序式设计，例如质化研究的归纳结果成为后续量化研究的推理目标。

Morgan 认为，主观与客观之间也不能简单地二分。正如完全的客观并不存在一样，完全的主观同样难以想象。实用主义的主体间性强调的正是这种主观与客观的双重性，既承认单一的真正世界的存在，又承认每个人对这个世界有着独特的理解。

最后，在特定的、基于背景的知识和普遍的、可泛论的知识之间实用主义也不走极端，既不强调研究结果完全限于某一特定背景，也不强调研究结果的泛论性。实用主义研究所关切的是如何最合理地将在某一背景下通过某一类型方法获得的结果应用于其他情景。这要求研究者在特定结果及其更广泛意义之间往复。Morgan 所谓的可转移性的意义即在于此。值得注意的是，可转移性这个称谓是借用了质化研究里的概念。而 Morgan 对实用主义研究的阐述——包括他对不明推论式的理解和他对可转移性的使用和定义，某种程度上体现了质化主导的混合方法的思想。

Morgan 认为，强调不明推论式、主体间性和可转移性的实用主义研究为社科研究提供了一种新的方法论。这种方法论的重点在于认识论问题与技术问题之间的关联，而这种关联使得混合方法超越了技术层面而上升到方法论层面。

在此基础上，学者进一步提出，实用主义不仅能够支撑混合方法，而且可以成为所有类型研究的范式基础（Denscombe，2008；Feilzer，2010）。这是因为，研究者在研究之初就需要意识到，采集到的数据并不一定完全适合研究问题，也不一定有如预期。这些数据有可能指向很多不确定情况，或者某些所谓人的因素——而这些都是在研究设计阶段未曾想到的。这就意味着我们需要对从数据中获得的结果进行反思和推论，对所使用的研究方法或理论基础进行再思考、再琢磨。而实用主义的核心思想就在于对不确定性的承认，强调通过研究而产生的任何知识都是相对的、而不是绝对的。实用主义哲学思想下，研究者能够承认不确定情况和不可预测的人的因素的存在，所以能够以灵活而开放的姿态对待意料之外的数据的出现。实用主义范式提醒研究者在研究过程中保持好奇心和适应力——而这是社科研究所必须的。

以实用主义为范式基础，将研究者真正从后实证主义和建构主义的二分化选择中解脱出来，是对范式战争的真正终结（Feilzer，2010）。实用主义范式中最重要的问题是，通过研究，研究者是否"知道了想要知道的东西"（Hanson，2008：109）。实用主义范式并不强求使用任何特定的方法，而是强调选择的方法能够帮助研究者回答想要了解的问题。因此，实用主义既可以支撑由上而下的推理式研究设计，又可以支撑由下而上的归纳式和不明推论式研究设计。它可以成为任何类型研究的范式基础。

2.2 辩证思想与混合方法

当研究者在同一项研究中既作调研又作案例研究的时候，他（她）是否既采取了客观的、现实的、不带价值观色彩的角度，同时又站在了主观的、建构的、价值观满满的立场？换言之，当研究者在混合方法的时候，是否应当混合范式思想——特别是范式思想中有关世界的本质、知识的本质以及求知者与被知世界的关系这些核心问题？这些问题一直是哲学和方法学文献中争论的主题，涉及范式的本质、范式的组成部分之间是否必须连贯、不同范式之间是否能够相容、哲学对方法论及其方法是否须有约束——例如，后实证主义要求实验研究和量化方法、解释主义要求案例研究和质化方法，等等。

在混合方法的范式争论中，Jennifer Greene，Valerie Caracelli 和Jori Hall 等学者主张辩证思想。他们认为，不同范式有着各自一套连贯的思想和立场，但并非与特定的一套方法或手段有内在必然联系。多数范式中可以且鼓励使用多种方法。借此，辩证说摒弃最佳范式之争和范式不相容论，强调差异和多重角度的重要性（Greene & Caracelli，2003）。

辩证说强调哲学是研究过程中必不可少的一部分。混合方法研究中，范式的混合问题是一个无法回避的问题。研究实践中，哲学思想——或是认识论能否混合、能否以一种正当的、合理的方式混合是一个需要回答的问题。这是因为，所有研究者都是带着对世界、知识和研究目的的假想开始工作的。无论这些假想是形成一个正式的哲学范式抑或是一种天然的思维模式，都是研究活动所必需的：

> It is simply not possible to conduct social inquiry without some self-understanding of what it means to be an inquirer, what the purpose and role of such activity is in society, and what a competent study looks like. For many inquirers this self-understanding may be implicit, but it is present nonetheless ... the philosophy of science matters to social inquiry.
>
> （Greene & Hall，2010：121）

在辩证说视角下，关于世界、知识和研究目的的假想对研究活动具有重要的指引，对研究结果的释义具有重要作用。因此，辩证说将哲学思想视为研究决策的关键影响，方法的选择和其他研究决策的制定都是为将思想付诸行动。任何一套哲学思想或者范式都并不优于其他，而是为理解社会现象提供了一个视角———一个并不全面却很可贵的视角。辩证说将混合方法研究视为有意地将各种范式及其思想运用到一起，以便更好地理解社会现象。而实现这种更好地理解的过程是辩证的，因为不同的范式提供不同的、有时是矛盾的思想和认识。这里所强调的不同并不是二元论，而是界定不同研究传统的那些重要特征，是值得研究者尊重的特征和差异。辩证说支持同一研究中出现不止一个范式传统、不止一个方法论和不止一类方法，使它们在研究过程中始终相互尊重、彼此对话。这种辩证的立场就是一个与差异交道的立场，其用意是产生具有理论和实际意义的深刻理解和洞察：

> [A dialectic stance] seeks not so much convergence as insight... the generation of important understandings and discernments through the juxtaposition of different lenses, perspectives, and stances.
>
> （Greene，2005：208）

辩证说的基本原则包括：

● 承认多个范式传统的合理性，因为它们代表着多种观察、感知、认识世界的方式。任何一个传统只是一个角度，因而片面。由于人类现象纷繁复杂，采取多种角度能够更好地理解复杂现象。

● 辩证说视角下的混合方法的首要目标，即对现象的更好理解，并不等同于传统意义上三角测量的目的，即结果一致或者趋同。三角测量是一个富有价值的混合方法的原则或者逻辑，传统意义上的三角测量用以寻求不同方法得出的结果间的一致，以提升研究者下结论的信心（关于三角测量，本书后面章节有专门讨论）。辩证观视角下的混合方法并不以结果一致或趋同为目标，而是重视不同，因为不同的结果需要进一步深入、细致的分析和考察，有望产出新的视角、理解和洞察。

● 辩证说视角下的混合方法为研究者在研究背景中遭遇差异时如何与其进行有意义的交道提供了机会和可能。辩证说欢迎不同的观察和理解方式到同一研究中来，从而交合了多重视角。辩证思想的混合方法的核心就是承认不同、尊重不同、交融不同。

（Greene & Hall，2010）

如果将混合方法哲学基础争论中的两个主要声音，即辩证说和实用主义说进行比较，可以发现他们在两个主要问题上的差异，即哲学在研究实践中的角色和重要性，以及来自不同哲学传统的思想能否对同一项研究具有有益、有用的影响。辩证说的立场是哲学重要，哲学对研究决策具有重要引导作用。而实用主义说在哲学重要性的问题上却有所不同：基于杜威实用主义哲学思想的实用主义学者与强调方法选择的实际理由、所谓日常意义上的实用主义者之间在哲学重要性的问题上有明显的高低之分。辩证说强调来自不同哲学传统的思想间的对话——尊重而辩证，以达到新的、更好的理解境界。而实用主义，尽管版本不同，本身就是一套思想体系，因而不存在混合不同思想传统的问题。表2呈现了辩证立场和实用主义立场下影响研究决策的关键因素：

表2.　辩证立场和实用主义立场下影响研究决策的关键因素

Inquiry Decision	Dialectic Stance	Pragmatic Stance
What concept, issue, or problem is important to study?	The inquiry focus preferably comes from a troubling problem of some importance in the world.	The inquiry focus comes from a problem of some importance in the world.
What frameworks— philosophical, theoretical, other— should guide the study?	More than one philosophical, theoretical, and/or mental model framework intentionally guides the study.	Context and practicality— not philosophical frameworks—are useful guides for practice. And information from everyday experience is as important as information from prior research and from theory.
What inquiry approach (methodology) should be used?	Decisions about inquiry approaches follow from inquiry questions and frameworks. A mixed methods approach is often the best match.	Whatever works; whatever can best engage and usefully inform the important practical problem at hand.
How should the study be designed?	The preferred design is interactive and recursive, featuring intentional "conversations" among the data sets from the different methods at multiple points in the study.	The preferred design is instrumentally effective in gathering information and inclusive of multiple perspectives to inform the practical problem at hand.

（待续）

（续表）

Inquiry Decision	Dialectic Stance	Pragmatic Stance
What is important to be mindful of in data collection and analysis?	It is important to be respectful of the multiple frameworks guiding the study and to be alert to surprises and dissonance in data patterns.	It is important to reflect on outcomes, goals, assumptions and values and to consider the ways in which the date inform and support possible actions.
What are important inquirer activities and stances during the inquiry process?	The dialectic inquirer engages in an ongoing dialogue among the various data sets in the study, repeatedly and critically assessing the merit of inquiry decisions and results in terms of generating more comprehensive and insightful results. The dialectic inquirer also considers more generative directions for the study on an ongoing basis.	The pragmatic inquirer engages in ongoing reflection on inquiry decisions and results, assessing their practical worth and actionable value. The pragmatic inquirer further engages in ongoing communications with those in the inquiry context, seeking support for the practical value of what is being learned.
What constitute warranted inferences?	Warranted inferences repre-sent respectful integrations of diverse lenses on the phenomena studied, possibly including jagged points of dissonance. Warranted inferences represent more comprehensive and insightful understandings than could be attained with one framework/ method alone.	Warranted inferences represent actionable knowledge, that is, knowledge that can be acted upon, in this context and others, or knowledge that is directly actionable for improving the important practical problem being studied.

（待续）

（续表）

Inquiry Decision	Dialectic Stance	Pragmatic Stance
What is the hoped-for contribution of the study?	Consequential in terms of meaningful engagement with differences that matter.	Consequential in terms of contributions to workable solutions to important problems.

（Greene & Hall，2010：139）

　　如果说辩证立场的混合方法研究者聚焦哲学，那么实用主义立场的混合方法研究者首要关注实际问题的解决。如果说辩证立场的研究者渴望通过多种方法及其数据的结合更加深入而全面地理解问题，那么实用主义立场的研究者寻求的是具有直接应用价值的、可以付诸行动的知识。如果说辩证立场的研究者致力于理解不同、接受不同、缓和矛盾和问题，那么实用主义立场的研究者志在为现实中的、迫切的问题贡献可行的解决途径。

　　混合方法领域生机盎然，正是因为视角多样、思想多元。

三、混合方法的设计

自从20世纪80年代末混合方法学界正式形成以来，学者们创建了多种不同的设计类型，用以描绘和归类混合方法的研究设计。然而，尽管设计类型层出不穷，但一统式的类型仍难实现。由此引出的问题是：为什么需要设计类型？为什么一统类型难以形成？

显然，设计类型能够帮助研究者理解不同的方法如何结合使用、能够为刚刚开始作混合研究的人提供概念框架从而提升研究自信。设计类型的意义还在于帮助混合方法学界确立一种共同语言和组织结构，从而促进其作为一个学界的地位"合法性"（Guest，2013）。试想，如果一项研究阐明使用了 Creswell & Plano Clark（2011）的解释型次序设计（explanatory sequential design），对混合方法不熟悉的人可以通过解构 explanatory 和 sequential 两个术语了解到很多有关混合方法的知识，而对于熟悉混合方法和 Creswell 著作的人，"解释型次序设计"这一概念明确提供了关于该项研究的包括研究目标和研究设计在内的重要信息。设计类型及其命名体系对于混合方法学界的沟通、教学和研究规划都有意义，设计类型的持续研究是有益有用的。

以混合方法设计所解决的研究问题本身就多种多样、非常不同，而方法学者又不断地以创造性的方式解决研究问题，使得混合方法设计不断变化。由于混合方法设计中的维度多种多样，涵盖所有维度的一统式设计类型几乎不可能。虽然在某一时刻我们可以将既有设计汇总，但设计的类型还是会继续发展（Teddlie & Tashakkori，2003；Nastasi et al. 2010）。

1. 混合方法的目的

混合方法设计中的一个重要考量是混合的目的。这里的一个思想基础是，任何研究，无论量化的、质化的、混合的，研究目的和研究问题是相互联结的，一起引领着方法的选择。因此，任何对于研究设计的归类都要考虑作为这种设计之根本的研究目的。Newman et al.（2003）提出九种研究目的，包括：1）预测；2）增加新知识；3）对个人、机构、社会产生影响；4）考量变化；5）理解复杂现象；6）测试新主张；7）产生新思想；8）影响民众；9）考察过往。虽然传统意义上，这些研究目的与质化和量化研究相连，但同样适用于混合方法研究。Newman et al.（2003）的一个重要观点就在于，研究目的是研究方法决策背后的驱动力。

Creswell & Plano Clark（2011）主张，混合方法是一项富有挑战性的工作，只有具备明确理由时才将方法混合适用。文献中关于混合方法目的和原由的讨论以 Greene et al.（1989）和 Bryman（2006）的两大框架最为突出。Greene et al.（1989）提出五种类别的混合目的：三角测量、补充、发展、发起和延伸。在以三角测量为目的的混合方法中，研究者寻求不同方法所得结果之间的确证或者趋同。在以补充为目的的混合方法中，研究者寻求以一种方法对另一种方法所得结果作详述或解释。在以发展为目的的混合方法中，研究者寻求前面方法所得结果对后续方法和研究阶段的影响。在以发起为目的的混合方法中，研究者寻求通过混合方法的使用所带来的不一致或者新视角。在以延伸为目的的混合方法中，研究者寻求通过使用混合方法扩展研究的广度和深度。

在过去的20年中，随着混合方法研究的不断发展，出现了关于混合目的和原由的更加细致的描述。Bryman（2006）以实证研究为资料，分析归纳出混合方法的16个目的。相对于 Greene et al.（1989）的宏观描述来说，Bryman（2006）的研究更加细致地考察了研究者混合方法的原因和实践。Bryman 发现，很多混合方法研究都有混合的多重目的，并且在研究的进程中可能出现混合的新的理由。研究者在研究过程中对于新发现的问题和新获得的理解的积极回应是值得鼓励和尊敬的，也是混合方法研究的核心之所在。但如同 Creswell & Plano Clark（2011）所主张的，研究者在设计混合方法之时，至少应有一个清晰的混合目的。表3呈现关于混合目的的两大框架：

表3. 混合方法的缘由类型

Greene, Garacelli & Graham（1989）	Bryman（2006）
● **Triangulation** seeks convergence, corroboration, and correspondence of results from the different methods. ● **Complementarity** seeks elaboration, enhancement, illustration, and clarification of the results from one method with the results from the other method. ● **Development** seeks to use the results from one method to help develop or inform the other method, where development is broadly construed to include sampling and implementation, as well as measurement decisions. ● **Initiation** seeks the discovery of paradox and contradiction, new perspectives of frameworks, the recasting of questions or results from one method with questions or results from the other method.	● **Triangulation or greater validity** refers to the traditional view that quantitative and qualitative research might be combined to triangulate findings in order that they may be mutually corroborated. ● **Offset** refers to the suggestion that the research methods associated with both quantitative and qualitative research have their own strengths and weaknesses so that combining them allows the researcher to offset their weaknesses to draw on the strengths of both. ● **Completeness** refers to the notion that the researcher can bring together a more comprehensive account of the area of inquiry in which he or she is interested if both quantitative and qualitative research are employed. ● **Process** refers to when quantitative research provides an account of structures in social life but qualitative research provides sense of process.

（待续）

（续表）

Greene, Garacelli & Graham (1989)	Bryman (2006)
● **Expansion** seeks to extend the breadth and range of inquiry by using different methods for different inquiry components.	● **Different research questions** refers to the argument that quantitative and qualitative research can each answer different research questions. ● **Explanation** refers to when one is used to help explain findings generated by the other. ● **Unexpected results** refers to the suggestions that quantitative and qualitative research can be fruitfully combined when one generates surprising results that can be understood by employing the other. ● **Instrument development** refers to contexts in which qualitative research is employed to develop questionnaire and scale items—for example, so that better wording or more comprehensive closed answers can be generated. ● **Sampling** refers to situations in which one approach is used to facilitate the sampling of respondents or cases. ● **Credibility** refers to suggestions that employing both approaches enhances the integrity of findings. ● **Context** refers to cases in which the combination is rationalized in terms of qualitative research providing contextual understanding coupled with either generalizable, externally valid findings or broad relationships among variables uncovered through a survey.

（待续）

（续表）

Greene，Garacelli & Graham（1989）	Bryman（2006）
	● **Illustration** refers to the use of qualitative data to illustrate quantitative findings，often referred to as putting "meat on the bones" of "dry" quantitative findings. ● **Utility or improving the usefulness of findings** refers to a suggestion，which is more likely to be prominent among articles with an applied focus，that combining the two approaches will be more useful to practitioners and others. ● **Confirm and discover** refers to using qualitative data to generate hypotheses and using quantitative research to test them within a single project. ● **Diversity of views** includes two slightly different rationales—namely，combining researchers' and participants' perspectives through quantitative and qualitative research respectively and uncovering relationships between variables through quantitative research while also revealing meanings among research participants through qualitative research. ● **Enhancement or building upon quantitative and qualitative findings** entails a reference to making more of or augmenting either quantitative or qualitative findings by gathering data using a qualitative or quantitative research approach.

（Creswell & Plano Clark，2011：62-63）

2. 混合方法的设计类型

在混合方法设计的归类上，文献中呈现出多种标准和维度。Nastasi et al.（2010）按照混合的复杂程度，将混合方法设计归于六个类别，包括三个基本类别和三个复合类别。基本类别的维度包括：1）研究阶段的数量；2）数据的种类、次序和地位；3）混合发生的阶段。而所谓复合类别是以方法结合的方式为基础进行细分。Nastasi et al. 以此为标准将现有混合方法设计归于六类，详见Nastasi et al.（2010：312-314）。

其实，对于研究实践者，特别是学习混合方法和刚刚开始混合方法研究实践的人来说，混合方法的设计大体就是两种方式：基于类型的方式和动态的方式。基于类型的设计是以固有设计类型为基础，根据所作研究的研究目的和研究问题做出选择和调整。混合方法的已有设计种类多样，设计类型的研究一直是学界热点。文献中关于设计类型的研究来自多个领域，包括评估、教育和健康科学。这些设计类型称谓不同、特点各异，反映出混合方法不断发展、变化的本质。这也就是为什么Creswell & Plano Clark（2011）提出，可以以设计为框架来思考混合方法。

纵观文献发现，混合方法设计类型的研究自20世纪80年代末以来，一直不断。文献中出现得最早的有关混合方法设计方面的研究是Greene et al.（1989）的研究。她们按照混合目的，将混合方法设计分为发起式、延伸式、发展式、补充式和三角测量式五种类型。自那时以来，混合方法的设计类型成为领域中的一个研究热点，涌现出一系列成分或重叠或迥异且称谓往往不同的设计框架。最近，针对混合方法的设计学界出现了两种不同的观点：有些学者继续强调确立设计类型的必要性，而有些学者认为由于混合方法研究本身所特有的往复性，构建出所有的设计类型并不可能。但无论如何，混合方法设计类型研究的最大价值在于为混合方法实践者提供了若干切实可行的设计选择供其使用，使其在这些设计基础之上可以继续发展（张培，2013）。Steckler et al.（1992）将混合方法设计分为四种模式：1）用质化方法所得结果来制定量化工具；2）质化方法用以解释量化结果；3）用量化方法渲染质化结果；4）质化和量化方法平行平等使用。Tashakkori & Teddlie（1998）将混合方法设计区别于混合模式设计，前者包括平等地位（量、质分次或平行）、主导地位（量、质分次或平行）、多层次使用等几种类型；而后者含有确认式、挖掘式、平行式、次序式等多种类型。Creswell（1999）将混合方法设计分为趋同模式、次序模式和工具制定模式三种。Sandelowski（2000）则将混合方法设计视为次序式、同时式、往复式和三明治式四种类型。Johnson & Onwuegbuzie（2004）提出九种混合方法基本设计类型，而其中的主要分别来自研究者的两项重要决策——量化和质化部分孰重孰轻，以及量化和质化阶段同时还是先后进行。也就是说，在这九种类型里，地位和时间是设计的主导因素，如图3所示：

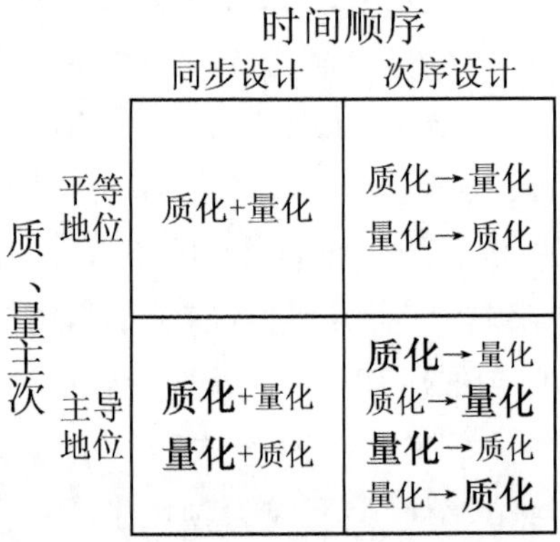

图3　混合方法基本设计类型

注："＋"表示同步，"→"表示先后，字体大小表示地位主次。

（张培，2013 基于 Johnson & Onwuegbuzie，2004）

Creswell & Plano Clark（2007）在研究文献已有设计的基础上，将混合方法设计类型凝练为十种，包括核准式、嵌入式、解释式、探究式四种基本类型及其变异。Greene（2007）则提出混合方法的设计不应公式化而应强调目的性。她将混合方法的设计分为成分设计和结合设计两种，前者当中混合仅发生在推论阶段，后者当中混合贯穿研究的全部过程。而无论哪种设计都对应核准、补充、推进、发起和详展等五个基本目标中的一个或几个。Greene强调，混合方法的设计不是照搬公式、按方拿药，而是"在现有资源和背景下最能实现预期混合目标的精致工艺。"Tashakkori & Teddlie（2010）总结出四大设计类型，包括同步设计、次序设计、转换设计三种基本类型，以及全面混合这种复合、往复式类型，其中可能涉及前三种基本类型的综合。而在前三种基本类型中，又以数据源的种类为基础细分：多种样本（质化和量化数据采自不同的研究对象或者彼此不关联）、同种样本（至少部分研究对象是质化和量化两类数据的共同来源，质化和量化数据之间以某种形式相关联——包括将某些数据转换为另一种数据类型，即质换量或量换质）和多层次样本（质化和量化数据来自不同层次的研究对象，如质化资料采自家长，量化数据采自学生，并在分析和推论过程中彼此关联）。这样，每一大类又分别细化为三小类，形成3x3九种基本设计类型。而最后一种全面混合类型是针对混合方法研究的往返性和突现性而设，可以涉及九种基本类型中的多个形式（张培，2013）。

在混合方法设计类型变得越来越多样、越来越复杂的时候，Morse（2003，2010）的理论欲求说为混合方法设计提供了另一种思路，一种简单式设计的思路。这种简单式设计对于单独研究项目而言，具有尤其重要的意义。简单式设计并不是把复杂问题简单化，不是怎样简单就怎样设计，而是基于理论欲求这一重要概念。

理论欲求（theoretical drive）是Morse（2003，2010）提出的，指一个研究课题的总体方向，即归纳（旨在发现）或者推理（旨在验证）。前者驱动质化研究，后者要求量化研究。尽管研究者在研究过程中常往返于归纳和推理之间，但研究的总体方向或者总体思路是二者其中之一。我们可以认为，每项单独研究其实都有这样一个理论欲求，或者说是首要欲求，它决定着研究的总体目标。由于它的存在，混合方法中一定会有主方法和辅方法的区分。也就是说，混合方法中量、质地位上的差异是必然的，是在数据采集之前已经确定的。

在混合方法设计的一个重要维度"质、量有主有次还是地位平等"上，以理论欲求说为基础的设计只有质化为主和量化为主两种方案，而不存在质、量平等的设计可能。根据质、量的地位和顺序，混合方法的简单式设计只包括下面四种主要类型：

质化 + 量化

量化 + 质化

质化 → 量化

量化 → 质化

前两种类型中，质化和量化数据同时采集，而每种类型都有一个核心方法——要么是质化为主，要么是量化为主。后两种类型中，质化和量化数据的采集有先有后，每种类型都有一个核心方法，且核心方法是数据采集的先用方法。也就是说，在混合方法中，如果质化、量化数据的采集分次序进行，那么核心方法先行。这一点也与前文回顾的理论设计类型有不同，例如在 Johnson & Onwuegbuzie（2004）提出的质、量地位有主有次而顺序有先有后的设计类型里出现了辅方法先于主方法的两种方案"质化→量化"和"量化→质化"（见第36页图3）。当然，怎么做都可以做。但试想如果是"质化→量化"这种设计，例如在国内外语学刊上出现的某些使用了混合方法的研究，以总共耗时一两个小时的几个半结构访谈为后面使用的主要方法提供内容基础，即根据前面几个访谈的结果制作出后面大规模问卷的内容。这些研究将量化成分作为主体：大部分的工作都集中在问卷上，数据分析、结果呈现和讨论/结论都以问卷部分的研究为主。也就是说，这样的设计中，质化的辅方法在前，量化的主方法在后。然而，当问卷的假定比例因子和项目措辞都源于访谈数据，即研究的先用方法访谈是后用方法问卷的基础和来源时，先用方法的重要地位是不容忽视的，因为它决定着整体研究的质量和成败。这样的研究不应以质化为辅而应以之为主，因为质化部分是整体研究的理论构架的基础。这样的研究应当在质化成分上做足文章，而不是随便整几个访谈，草草收场——若此，研究的有效性将大打折扣。

　　承认理论欲求的存在也就意味着，混合方法中主方法（或者说是核心方法）的范式基础应当受到尊重。但这并不等于在运用辅方法时要遵循主方法的范式原则，而是说通过使用辅方法得到的结果要融入到主方法获得的结果当中，为后者提供修饰、增添细节，而整体研究结果呈现的理论基础则应当是主方法部分的研究。混合方法中质化和量化成分的结合不应是没有原则的结合，而是应当保持方法各自的范式原则——方法与其范式基础之间的相称性应当得到尊重。方法并不是技术手段，而是蕴含思想的。当我们承认量化和质化研究的范式基础的不同（即简单意义上实证——后实证主义和建构——解释主义之间的分别），却声称方法可以完全独立于范式的时候，其实我们言不由衷——仿佛范式是范式，方法可以自由随意。我们很难否认，方法携带着范式的思想，思想和方法之间的和谐才使研究自然而顺畅。因此才有了量化范式与质化范式、量化方法与质化方法之间的传统意义和笼统意义上的划分。混合方法中的量化部分应当遵守量化研究的原则，而质化部分应当遵守质化研究原则。这一点对混合方法的取样策略有重要影响——它意味着，在上述四种简单式设计类型当中，主方法部分的样本不适用，且无效于辅方法部分。例如，尽管整体研究的理论欲求是归纳（质化研究为主导），但辅方法部分的取样应遵守量化研究的原则。如果在"质化+量化"和"质化→量化"的研究设计中，将质化研究部分的样本用于量化研究部分，那么这个样本显然不足，因为它太小，而且具有目的性——从量化角度来说，这是一个带有严重偏见的样本。将质化部分的样本用于量化部分使整体研究丧失有效性。同样，在"量化+质化"和"量化→质化"的研究设计中，将量化部分的样本用于质化部分也会损害整体研究的有效性，因为样本过大而且随机。在质化为主（同时也就质化先行）的混合方法设计中，研究者往往需要在总体中选取一个新样本作为辅方法研究部分的样本——这个样本应该是随机选取的，其大小应足以进行量化数据分析。而在量化为主（同时也就量化先行）的混合方法设计中，辅方法部分的样本可以从前面量化研究的样本中提取，但提取时应遵循质化研究的取样原则，例如，采用标准式取样，即制定样本标准，符合一系列标准的被提出，作为质化研究部分的样本。

　　如文献中出现的许多其他设计类型一样，这里的四种简单式设计也是基本的设计类型，在其基础上根据需要添加新的研究环节。例如，一项研究当中可以不止一个辅方法，研究设计可以是质化方法为主，同时使用一个辅助的量化方法，之后再用一个辅助的质化方法，等等。然而需要指出的是，每增添一个环节，并不仅仅意味着增添了一些工作，而是意味着增加了影响研究有效性的潜在风险。在混合方法研究设计的所谓"复杂"和"简单"之间，研究者应当考虑的其实并不是多用或少用一种方法的问题，而是要用的这种方法所携带的一系列要求和影响的问题，是对整体研究的有效性和研究质量的作用和影响问题[1]。

　　基于类型的设计之外，混合方法设计还出现了另外一种思考视角，那就是动态的设计方式（Creswell & Plano Clark，2011）。这种方式强调研究设计中多种成分间相互关联和作用的过程，而不是从已有类型中选择一种合适的设计。Maxwell & Loomis（2003）提出互动式混合方法设计，认为研究者在设计混合方法时应该考量五个关联的元素：研究目的、概念框架、研究问题、研究方法和有效性考虑。虽然研究过程的核心是研究问题，但研究者在设计过程中必须思考五个元素间的相互关联。

1　此处关于理论欲求和简单式设计的讨论涉及张培（2013）发表在《中国外语》的"理论欲求与混合方法设计"一文的部分内容。

Hall & Howard（2008）提出另外一种动态设计方式，就是所谓协和式设计。这种方式将混合方法研究过程视为质化、量化成分的互动组合，核心思想是质、量之和大于其中任何单独一个。协和式设计强调混合方法研究中质化和量化部分具有同等价值，享有同等份额。这种设计视角淡化质、量差异，强调二者平衡。

在基于类型的设计和动态的设计之间，本书强调的是前者。混合方法设计类型的研究成果丰富，来自丰富设计类型中的、经过缜密研究和界定的设计选择对于混合方法实践者是至关重要的、实实在在的帮助。

3. 混合方法的设计维度[1]

北美的学者是设计类型研究的生力军，他们的大量研究是类型多产的主要原因。尽管，迄今为止混合方法设计研究中出现了若干类型和框架，不尽相同，但究其设计思想，可以发现一种几乎贯穿所有类型和框架的基本逻辑，或者说是搭建这些类型和框架的所谓"维度"，包括如下几个方面：1）质、量有主有次还是地位平等？ 2）质化和量化数据同时采集还是有先有后？ 3）研究过程中混合发生在什么阶段？（张培，2014）

3.1　质化、量化成分的地位对比

在混合方法研究设计决策中最难作出决断的大概就是质化与量化成分在研究中所占"分量"的对比了。 这个过程贯穿研究课题的引入、文献的使用、研究问题的陈述、数据/资料的搜集、数据/资料的分析以及研究结果的解释等。这里一个最核心的问题在于：混合方法研究者是使质化研究部分与量化研究部分势力均等，还是必须使其中之一占据主导地位。影响这一决策的可以是多方面的原因：实际因

1　混合方法设计维度的讨论涉及张培（2010）发表于《中国外语》的"混合方法研究的范式基础与设计要素"一文的部分内容。

素的局限、读者的偏好、研究者对于哪一种研究相对更得心应手，等等。不仅如此，研究者和读者对于"地位"的理解不尽相同。例如，地位平等可以被理解为篇幅大致相同。那么，如果一份研究报告给予量化研究的页数多于质化部分，就可以被认为是量化研究作主导。但是，如果"地位"所指是整体研究设计的方向的话，那么地位平等就是一个容易引发争议的观点了。Morse（2003，2010）使用"理论欲求"一词来表达"主"或"优"的概念。她认为所有研究的最终目标都可划分为：发现或者验证。所谓"理论欲求"，就是指"研究者以怎样的根本方式对研究课题进行整体思考"（Morse，2003：196），而这根本方式要么是归纳式的（旨在发现），要么是推理式的（旨在验证）。这并不意味着一个研究项目要么是纯归纳，要么是纯推理：一个以归纳法为主导的项目中可以有（且经常有）证实、确认的部分，但这些部分不应改变研究的整体思路。而研究者最感兴趣的正是这个整体方向。当一项研究的理论欲求是归纳的，其主要部分应由质化研究完成。这并不妨碍研究者在研究过程中时而验证假设，但就整体研究而言，其首要任务是去发现。那么根据这个论点，量、质平等便成为一个错误的概念，因为在一个研究项目中即使质化和量化的工作量相同或篇幅相当，整体研究仍然是要么以归纳要么以推理为主导，故而量、质之间不可能势力均等。也就是说，按照这个理论，混合方法研究的设计要么是质化研究作主导，要么是量化研究占优势。一份研究报告可以把多数篇幅给量化研究部分，但如果所有这些量化研究都依赖于一个质化研究（即这个质化研究是整体研究中的核心方法），那么就整体研究而言，其理论欲求仍然是归纳式，其主导研究是质化研究。

　　Morse主张混合方法研究取得成功的重要条件是研究者必须首先识别其研究的理论欲求，这是因为"保持研究方法的相称性[即方法与作为其基础的哲学观点之间的匹配]是至关重要的，也就是说，[研究者]必须遵循其所使用的核心方法的哲学基础"（Morse，2003：

191）。Morse的理论与混合方法学界很多学者所倡导的方法独立于范式的主张差距甚远。研究实践似乎也表明，混合方法研究中必须有一个核心方法的观点流于理论——很多研究实践并非如此（Bryman，2004）。我于2010年在《中国外语》上发表的文章（张培，2010）中还对Morse的观点提出批判，然而，时至今日，不断的研究和思考使我逐渐能够接受进而支持Morse的理论欲求说。而学界在此问题上观点各异，似乎多数学者认为，在混合方法设计中，质化和量化成分可以地位平等，也可以分出主次。在权重平衡的混合方法研究中，质化和量化成分在解决研究问题的过程当中充当同等重要的角色。在量化主导的混合方法研究中，量化方法得到更大侧重，质化方法扮演次要角色。而在质化主导的混合方法研究中，质化方法更加突出，量化方法发挥辅助作用。

3.2　质化、量化数据的采集次序

　　混合方法中的次序往往指质化和量化数据的采集顺序，Creswell & Plano Clark（2011）认为它也指研究者使用质化和量化结果的顺序，所以次序不仅是数据采集的先后，它关乎质化和量化成分的全部。但主体意义上，讨论混合方法的次序问题时，我们的最大关切点是数据采集。

　　混合方法设计中的次序主要有同时和先后两种类型。在先后类型的研究设计中，既可以使质化方法在先，也可以将量化方法置前。值得注意的是，先后次序与研究者的研究用意相关：如果量化数据采集先于质化资料采集进行，其意图是先在一个大的样本中测试可变因素，然后挖掘几个案例进行深入、细致探讨。相反，如果质化资料采集发生在量化数据采集之前，其用意是先仔细探究问题，再把结果放到一个大的样本中以得出概论。有些学者（例如，Creswell et al.，2003；Morse，2003）认为在这种设计类型中，通常量化和质化方法里哪一个在整体研究中占据主导地位，哪一个率先进行。但Johnson和Onwuegbuzie（2004）对此似乎并不介意，在他们的设计模型里，占据主导地位的研究方法既可以用来率先采集数据，又可以最后采集数据。在数据同时采集的类型中，研究者同时采集质、量两种类型的资料以对照其结果——例如，质化资料中显露出的主题与量化数据分析的统计结果对比，以得出结论。

数据采集次序的选择会影响到最终研究报告的形式：如果数据是分阶段采集的，那么通常数据采集的过程也分阶段地进行汇报。报告中对于每个阶段的数据要有单独的分析，在报告最后要有一个讨论或结论部分把不同研究阶段的分析结果加以综合。值得注意的是，研究者在质、量数据采集过程中可以循环往复。例如，研究者可用一个访谈式的质化研究开头，接下来是一个问卷调研式的量化研究阶段，而后又是一个质化研究阶段，以更多的访谈深入挖掘前面量化调研中呈现出来的问题。

3.3 质化、量化成分混合的阶段

Niglas（2004）对《英国教育研究杂志》上的46篇实证论文所做的研究方法研究中发现，在单一研究项目中质化与量化研究的结合呈现在研究过程的不同阶段。混合方法学界最早提出思考质、量结合阶段的重要性的包括 Tashakkori 和 Teddlie（1998）。通常，量、质的结合可以在研究过程的如下阶段进行：研究问题阶段（如质化和量化的研究问题同时提出）、数据采集阶段（如调研问卷上出现开放式问题）、数据分析阶段（如对质化主题加以量化处理）、数据解释阶段（如将质化资料分析结果和量化数据分析结果进行对比、验证）。

研究者在单一研究项目中完全可以同时提出质、量问题——如既测试可变因素之间的关系又深入探究某些问题，这样一来质、量结合就出现在研究过程中较早的阶段。这种情况常见于前面提到的量、质数据同时采集的设计类型。最典型、最常见的质、量结合发生在质、量资料采集完成后的分析和解释阶段。

数据采集阶段的混合，顾名思义，指混合发生在数据采集之时，

也就是说，研究者通过不同方法的使用，获取了质化和量化数据。Creswell & Plano Clark（2011）强调，在这种混合中，研究者要使用关联策略，即以一种成分的结果嵌入另一类数据的收集。例如，量化结果导致后续质化资料的采集，或者质化结果嵌入到后面量化数据的采集。Creswell & Plano Clark 认为，数据采集阶段的混合应以质、量两种成分的关联为特点，这种关联表现为，用第一种成分的结果——通过明确研究问题、选择研究对象、制定数据采集手段等方式，来塑造或者影响第二种成分中的数据采集。

　　数据分析阶段的混合指混合发生在研究者分析质、量两组数据之时。通常，研究者将量化数据进行量化分析、质化资料进行质化分析。而后，将两组结果并在一起，结合分析。或者，研究者将一种结果（如质化主题）转化为另一类数据（如量化项目），通过对转化的数据的附加分析形成质、量结合。

　　数据释义阶段的混合指混合发生在研究过程的最后一个阶段，即研究者采集并分析了两种数据之后。通常表现为研究者在结论过程中对两种成分的结果进行比较或者综合。所有混合方法设计都应在最后的释义阶段对方法的结合进行反思，而对于数据释义阶段才发生混合的混合方法设计（即研究中质、量两种成分一直相互独立，直到释义）来说，释义阶段对质、量两种结果的对比、综合和讨论是研究过程中唯一的混合点。

　　质、量结合也不仅仅局限在研究过程的某一个阶段，它可以发生在多个阶段。需要着重指出的是：明确质、量结合阶段并不是一件易事——它可能会因研究目的的不同或研究者对研究阶段的理解的不同而改变。但是，比这些问题更令人难于回答的是：究竟质化资料由何构成，而量化数据又由何构成（即哪些材料就是质化的，而哪些就是量化的）；什么样的研究问题可以确切地说是一个质化研究问题，什么又是量化问题。在研究方法学领域质、量区别恐怕永远都是一个充满争议的话题。

4. Creswell & Plano Clark 的设计模型

从设计理论上，我支持Morse（2003，2010）的理论欲求说，主张混合方法的简单式设计（张培，2013）。前文对此已有阐述。学界在关于混合方法的若干根本问题上一直百家争鸣，在围绕混合方法设计中是否须有主方法、量和质地位能否平衡等问题上各持己见。以理论欲求说为思想基础的简单式设计是混合方法设计中的一派声音。下文讨论的Creswell & Plano Clark（2011）提出的设计模型与简单式设计的思想基础不同，即设计维度上存在差异。Creswell & Plano Clark的模型是近年来很有影响、较为"全面"的设计。

在Creswell & Plano Clark（2011）提出的六种主要的混合方法设计中，四种是基本设计，另外两种是把多种元素结合在一起的设计。后者当中，变革式设计是一种独特的类型，它完全基于变革理论框架和哲学（Mertens，2003；Mertens et al. 2010），以识别和挑战社会不公为研究目的，相对于其他几种设计类型，对于语言教学研究的意义并不明显，因而在本书的讨论中忽略。这里讨论的五种设计模型分别是：会合平行式设计、解释次序式设计、探究次序式设计、嵌入式设计和多阶式设计。

4.1 会合平行式设计

会合平行式设计以量化和质化成分同时进行、量化和质化方法地位平等为主要特点。在这种设计中，研究者同时采集并分析质化和量化数据，分析过程中保持质化和量化成分相互独立，而后将两种结果结合完成释义。

Creswell & Plano Clark 认为，会合平行式设计是社会科学各领域中最常用的一种类型。早期被称为三角测量式设计，指通过两种不同方法的使用，比对、核准结果。但会合平行式设计可以用来实现核准结果以外的研究目的，而且三角测量的概念本身现已有了新的、重要的发展（本书后面章节讨论三角测量）。

　　会合平行式设计就是通过获得针对同一问题的不同而互补的数据而实现对研究问题的最佳理解。这种设计的目的包括：比较、对照量化分析结果和质化分析结果，形成证实和确认；以质化的结果解释、说明量化的结果；综合质化和量化结果以形成更加全面的理解。这种设计包含四个主要步骤：1）研究者围绕研究问题采集质化和量化两种数据。两种数据的采集同时而分开进行——量化的不依赖质化的结果，质化的也不依赖量化的结果。通常，对于要解决的研究问题而言，质化和量化成分同等重要。2）研究者对于质化和量化两组数据进行分别的、独立的分析，量化的数据进行量化分析、质化的材料进行质化分析。3）将两组分别的结果合并，实现量、质混合。通常，研究者可以直接比对量化和质化结果，或者，将两种结果中的一种转换为另一种形式，以便更好地关联结果，形成进一步的、更多的分析。4）在最后的释义中，研究者阐明量、质两种结果如何相关、如何相同、如何不同、如何结合在一起而实现对研究问题的更好的理解（Creswell & Plano Clark，2011）。

4.2　解释次序式设计

　　解释次序式设计以两种不同的、相互作用的研究阶段和先行的量化方法在研究中的主导地位为主要特点。在这种设计中，量化数据的采集和分析发生在前，并且在量、质对比中占据优势地位。量化研究阶段之后是质化资料的采集和分析。这第二个研究阶段，即质化阶段的设计是跟从于第一阶段量化研究的结果，通常表现为研究者阐释质化结果如何帮助解释了最初的量化分析结果。

　　文献中关于混合方法设计的研究大都强调次序式设计，即质化和量化数据的采集有先有后的设计。在 Creswell & Plano Clark 的混合方法设计主要模型中，有两种都是次序设计（解释次序式设计和探究次序式设计），其间的分别就在于量化方法先行还是质化方法先行。而先行的方法往往是混合方法设计中的主导方法。在这一点上，尽管混合方法设计理论中和研究实践中都有与之不同的观点和现象，即首方法不是主方法，但我坚持认为，主方法先行是理论上最靠得住的、最正统的混合方法设计。

解释次序式设计的主要目的就是通过质化方法的使用，解释最初的量化结果。这种设计也可以用于帮助研究者进行目的性取样，即量化分析中确定的被研究者特点用来指引质化研究阶段的目的性取样。这种设计一般也包含四个步骤：1）研究者采集并分析量化数据。这个量化阶段在研究中占主导地位。2）研究者进入混合阶段。在这个阶段，研究者确定出需要进一步进行解释的那些量化结果，并用这些结果指引质化成分的形成，包括制定质化的研究问题、进行目的性取样、确定质化资料采集方法以跟踪那些需要解释的量化结果。也就是说，质化阶段取决于前面的量化结果。3）研究者采集并分析质化资料。4）在最后的释义中，研究者阐释质化研究结果如何解释并丰富了量化分析的结果，以及通过量、质的结合就研究目的和研究问题取得了怎样的总体认识（Creswell & Plano Clark，2011）。

4.3　探究次序式设计

与解释次序式设计一样，探究次序式设计中质化和量化数据的采集同样有先后之分；与之不同的是，探究次序式设计始于并侧重于质化材料的采集和分析。在质化阶段的探究结果的基础上，研究者展开第二个阶段，即量化阶段的研究，以验证或者推广第一阶段的发现。而后，研究者就如何在最初的质化发现的基础上构建出量化结果进行释义。

探究次序式设计是一个两阶段的次序式设计，其重点在于探究，即第一阶段的质化研究。质化、量化两个阶段的中间一环往往是研究者根据质化研究结果制定出一个用于后续量化阶段数据采集的工具。探究次序式设计的首要目的就是将第一阶段中基于几个个体的质化研究结果推广到第二阶段中的更大样本。探究次序式设计中，第一阶段的质化研究结果用来制定或形成第二阶段的量化方法。也就是说，量化阶段取决于前面的质化结果。这种设计往往用于：1）研究者需要制定或检测一种新的数据采集方法；2）研究者需要确定量化研究中未知的重要变量；3）研究者希望将质化研究结果推广到不同的组群；4）研究者希望检测一个新现理论的某些方面；5）研究者旨在深入挖掘一种现象，并检测其特征的普遍性（Morse，1991；Morgan，1998；Creswell et al. 2004；Creswell & Plano Clark，2011）。

探究次序式设计的主要步骤包括：1）研究者通过采集和分析质化资料对某种现象展开深入挖掘。2）研究者进入混合阶段。在这个阶段，研究者根据质化研究结果制定后续量化阶段的数据采集工具，或者根据质化阶段浮现出的理论，明确量化阶段要检测的要点。这是质化和量化阶段之间的中间环节。3）研究者使用制定好的量化手段在一个更大样本中考察重要变量。4）研究者就量化结果如何推广、扩大了最初的质化发现进行释义（Creswell & Plano Clark，2011）。

4.4　嵌入式设计

嵌入式设计的主要特点是量化和质化成分共同出现在一个传统的量化或质化研究设计里。也就是说，研究者在一个传统的量化研究设计，例如实验当中加入一个质化成分，或者在一个传统的质化研究设计，例如案例研究中加入一个量化成分。这个添加的成分是为了增强整体研究设计。Creswell & Plano Clark（2011）认为，这个添加成分的数据采集和分析可以出现在与整体设计传统匹配的那套数据的采集和分析之前、之后，或者过程之中。如果从最终成果著述篇幅的角度上看，有些嵌入式设计中，添加成分的那组数据充当次要、辅助角色，最明显的当属量化的实验研究中嵌入质化元素的情况。而有另一些嵌入式设计，例如案例研究中，质化和量化的方法结合使用，从篇幅上看，不分伯仲，甚至所谓添加成分，即与案例研究这种传统的质化研究风格并不匹配的量化成分超出质化部分，成了研究中的主要成分（参见张培，2014）。在这个问题上，与Creswell & Plano Clark的观点不同，我认为嵌入式设计中，添加成分必须是辅助角色而不能成为主角。仍以案例研究为例，它是一种传统的质化研究策略（Creswell，1998；2007），有着与生俱来的思想和原则。案例研究中可以嵌入量化成分，但案例研究的方法论的本质是质化的，即以案例研究为主体设计的这项研究是质化本质的，这种本质在取样策略中有明显体现。在案例研究这种质化本质的策略之下强化量化方法而弱化质化成分，与整体研究的思路和导向不相符合。这种混合，或者说这种混合设计，目的和意义在哪里？我坚持理论欲求说（Morse，2010），认为一项研究的设计应当取决于其理论欲求。质化和量化成分的混合不应是没有原则的混合，方法与其范式基础之间的相称性应得到尊重（张培，2013；2014）。

嵌入式设计往往是用来回答不同的研究问题，这一点有别于会合式设计，后者往往使用质化、量化的方法来解决一个问题。也就是说，嵌入式设计往往是用于有着不同的研究问题、需要不同种类数据的研究当中。而这些研究的整体设计是一个传统的质化的或者量化的设计，在其中嵌入另外一种成分以期加强整体研究。

最常见的嵌入式设计就是嵌入了质化资料的实验设计，其主要步骤包括：1）研究者设计整体实验，确定加入质化资料的目的。2）研究者采集并分析质化资料。3）研究者采集并分析实验的量化数据。4）研究者解释质化成分如何加强了实验过程以及如何提升了其对实验结果的理解。在这种嵌入式设计中，质化资料的采集和分析可以在实验前、实验中和/或实验后进行（Creswell & Plano Clark，2011）。

在对语言教学研究中使用了混合方法的实证研究所作的考察中，我发现，嵌入式设计是最普遍的混合方法设计，也就是说，应用语言学研究中出现的混合方法，多表现为将混合方法融入到应用语言学传统设计当中。这些传统设计涉及语料库研究、调研、互动及语篇研究、实验、案例研究、纵向研究、内省方法等（张培，2014）。

4.5　多阶式设计

多阶式设计的主要特点是阶段性。如果说前四种设计是混合方法的基本设计，多阶式设计可以说是一种复合设计，是将一系列量化和质化研究有序连接的设计，其中，后面的研究阶段基于前面阶段得出的结论，并相互联结，以实现一个核心的研究目的。例如，一个三段式设计可以是质化 - 量化 - 质化三个阶段构成。多阶式设计不仅可以是次序式设计，还可以将同时设计和次序式设计相结合。多阶式设计主要用于受到较大资助的科研项目，通常历时几年，包含若干研究阶段。这种多阶式设计中，每一个研究阶段是一个相对独立的研究，有着自己特定的研究问题。而这些研究阶段结合在一起，为的是研究项目的总体目标。在每一个阶段的研究中，根据其特定的研究问题，研究者设计、实施并阐释一个质化的、量化的或者是混合方法的研究。而就整体研究项目而言，由于在不同的研究阶段使用了不同的（质化的、量化的、混合的）研究方法，其整体研究设计是混合方法设计。

5.　Morse的混合方法设计理论

前文提到，混合方法的设计理论中，我更倾向于Morse的理论欲求说。在 *Handbook of Mixed Methods in Social & Behavioural Research* 第一版（2003年）到第二版（2010年）的进程中，Morse的学说有了一些演变，尽管思想核心一直是理论欲求。在 *Handbook* 第一版中，Morse所用的概念multimethod research更像是第二版中她所指的mixed methods。而第二版中她提到的multiple methods与前文中Creswell & Plano Clark的多阶式设计似乎相近。Morse定义的混合方法设计（mixed method design）是指含有一个完整的主方法和一个或几个不完整的辅方法的设计。辅方法带来的是与主方法不同种类的数据或分析，其不完整性在于，如果脱离开该项研究的主方法，它不能自成一体：

Mixed method design consists of one project, known as the *core* project, which is a complete method in itself, and a second project consisting of a different type of data or analysis, using a strategy (and there may be more than one) that is incomplete: that is, that is not comprehensible or publishable apart from the core project. This *supplemental strategy* provides a means to access another area that is pertinent to the research question and that cannot be included in the core component.

（Morse，2010：340）

　　从 Morse 对混合方法的定义中可以看出，在她的理论中，混合方法是一个必须要有主方法的设计，即要么质化方法为主，要么量化方法为主，而质化和量化成分平起平坐的情况在一项单独的研究中不可能出现。这种思想的基础就是理论欲求的概念。

　　所谓理论欲求，是研究者就研究课题作整体思考的主要方式，或者说，是一个研究项目的总体推力（Morse，2003：196）。如果一项研究是发现模式，即研究的目的在于描述、挖掘、发现意义，试图回答诸如："发生了什么"、"特点是什么"、"意义是什么"这样的问题，那么这项研究的整体理论欲求是归纳。即使研究中某些少数部分是确认的或者推理的，也改变不了研究的整体理论驱动，即归纳。这时候，研究的主体部分通常是质化的，这并不妨碍在研究过程中有时进行验证和推理，但研究的主体方案是发现模式。

　　如果一项研究旨在验证一个理论或者假设、回答多少或者确定关系之类，那么其理论欲求是推理。这时候，研究者大多使用量化方法。尽管研究中可以有归纳的、质化的成分，但研究的主体方案是验证模式，其理论推动力是推理。

　　理论欲求决定着一项研究的总体方向，要求研究者在归纳和质化研究之间、在推理和量化研究之间保持一致性。这对于取样策略尤其重要。在混合方法设计中，对研究有效性的最大威胁来自辅方法的取样策略。无论是质化主导的还是量化主导的混合设计中，用于主方法的样本对于辅方法来说都是不合适的、无效的样本。在混合方法设计中，辅方法的实施必须遵守辅方法的范式原则，即不同于整体研究的理论欲求的原则。也就是说，在质化主导的混合设计中，辅助成分即量化方法的实施须遵守量化研究范式的基本原则。在量化主导的混合设计中，辅助成分即质化方法的实施须遵守质化研究范式的基本原则。Morse认为，each method has a distinct way of thinking（Morse，2003：200）。一项混合方法研究中，不管其整体方向是归纳还是推理，其每一种方法的思想基础必须得到尊重。量化成分遵守量化原则，质化成分遵守质化原则。在结合点之前，即量、质混合之前，每种成分必须相互独立。Morse的观点鲜明而生动——"混合方法不是数据汤"（Morse，2010：348）。我们将方法混合在一起，并非随心料理、随意搅拌。我们需要尊重每一种方法与生俱来的思想和原则。

前文提到，在质化主导的混合方法设计中，如果将质化部分的样本用于量化成分，这将是一个带有偏见的样本，因为它太小而且具有目的性。这样一来，研究的有效性受到损害，根源在于辅方法的取样策略。同样，在量化主导的混合方法设计中，如果将量化部分的样本用于质化成分，也将是一个不恰当的、无意义的样本，因为它太大而且具有随机性。整体研究的有效性同样受到损害，根源同样在于辅方法的取样策略。正因如此，以理论欲求说为基础的混合方法设计强调方法相称。质的部分按质化传统来做，量的部分按量化传统来做，直至质、量结合点。

Morse的混合方法设计理论中，质和量的结合点只有两个：分析结合点和结果结合点。而分析中的结合仅限于同步设计，即量化+质化和质化+量化这两种设计（参见前文"2.混合方法的设计类型"中基于理论欲求说的简单式设计），且须满足特定条件。也就是说，在Morse的设计理论中，质、量的结合主要发生在结果释义层面，这是其方法与范式相称思想（即方法必须遵守范式原则）所要求的。

在量化+质化的设计中，质化资料可以转化为数字形式的数据，作为变量放在主方法的统计数据里进行分析。这种分析层面上的结合发生的前提条件是，质化成分的样本大小与主方法的相同，即需要进行转化的数据来自全体被研究者（Morse，2010）。不难想象，满足这样的前提条件并非易事。另外一种可以发生在分析层面的质、量结合是在质化+量化的设计中，其必要条件是，在主方法，例如质化的访谈中，每个人被问到一个关键问题，这个问题可以将全部访谈数据进行分类，而后可以使用卡方检验确定类别特点造成的重要差异（Morse，2010）。

Morse理论中最主要的质、量结合点是在结果释义层面，也就是说，研究者在著述研究结果阶段，将质化成分和量化成分的各自分析结果结合在一起。需要强调的是，整体研究结果的理论基础必须是混合方法中的主方法，而辅方法的结果是用来修饰、渲染主方法的结果，为其增添细节。

在Morse的混合方法设计中，无论是同步设计还是次序顺序，都是必须要有主方法的设计。而另一个有别于不少其他设计理论的地方是，Morse强调主方法为首方法（参见前文"2.混合方法的设计类型"中基于理论欲求说的简单式设计）。主方法为首方法的思想在Creswell & Plano Clark（2011）的解释次序式设计和探究次序式设计中也有体现。与Creswell & Plano Clark有所不同的是，Morse似乎并不强调辅方法的形成取决于先行的主方法的结果，而这一点在Creswell & Plano Clark的设计理论中是突出强调的内容。这也就导致了这两种设计理论的另一个有别之处：Creswell & Plano Clark定义的混合阶段（或者质、量结合点）是在根据主方法的研究结果制定后续辅方法的手段和内容之时，也就是质化和量化阶段之间的中间环节之处。而Morse的质、量结合点主要集中在结果释义阶段，其定义的分析阶段的混合具有严格苛刻的前提条件。两种设计理论最大的不同点应该在于，Creswell & Plano Clark的同步设计代表——会合平行式设计是量化、质化同时进行、互不依赖而又同等重要、平起平坐的设计。在Morse的理论中，同步设计也好，次序设计也好，必须要有主方法；而量化成分与质化成分必须相互独立——保持独立，直至结合点——而这结合点一般都在最后的结果阶段。

Morse的混合方法设计理论可以归结为五个要素：1）理论欲求：归纳还是推理；2）主方法：质化还是量化；3）辅方法：量化还是质化；4）节奏：质、量同步还是先后；5）结合点：分析阶段还是结果释义阶段。这是以理论欲求说为基础的混合方法设计——或者说是简单式混合设计（张培，2013）的核心内容。这种混合方法设计的原则主要包括：

- 承认并尊重理论欲求的存在。
- 遵守每一个方法的方法论思想。
- 取样策略必须与其所属的方法的思想原则相一致。
- 数据组尽可能少，因为每增加一个辅方法，就意味着增添了影响研究有效性的新风险。
- 在结合点之前保持质、量数据相互分离。

6. Tashakkori & Teddlie的设计类型

前文提到，研究目的是研究设计的根本，任何研究，不论是质化的、量化的、混合的，研究目的和研究问题都引领着方法的选择。这也是本书的一个思想基础。而在Tashakkori & Teddlie（2010）的设计理论中，设计与目的分离。也就是说，Tashakkori & Teddlie认为，研究设计可以独立于研究目的而存在。他们承认，研究目的是任何一个研究项目的动因，没有目的，就不会有问题，也就谈不上什么研究了。但他们强调，研究目的是一个复杂的概念，具有心理性、社会性和政治性。每一个研究者在作研究时都有着多重目的。因此，他们提出的混合方法设计并不取决于研究目的，而是独立存在。

在Tashakkori & Teddlie提出的四类混合方法设计中，前三种类型属于基本类型，包括平行设计、次序设计和转换设计。第四种类型是复合、往复式的全面混合设计，可以涉及前三种类型的综合。这四种类型的确立是基于研究过程中量化和质化成分结合的实际发生方式。在三种基本设计类型中，又以数据源——多种样本、同种样本、多层次样本为基础将每种基本类别再细分为三种，这样每一大类又含三小类，形成共九种基本设计类型。多种样本指质化和量化数据来自不同的研究对象或彼此不相关。同种样本指至少部分研究对象是质化和量化两类数据的共同来源，质化和量化数据之间以某种形式相关，例如将某些数据转换为另一种类型的数据，即质化资料转化为量化数据，或量化数据转化为质化资料。多层次样本指质化和量化数据来自不同层次的研究对象，例如质化资料来自家长，量化数据来自学生，并在分析和推论过程中彼此相联。

Tashakkori & Teddlie 设计理论中的一个重要关切是质和量的结合是仅发生在研究过程的一个阶段还是贯穿全部。他们将质化和量化数据分别采集、分别分析，在结果和推论上显示不出真正意义上的质、量结合的混合方法定义为准混合方法设计，以区别于他们认为真正的混合方法。据此，Morse（2010）以理论欲求说为基础的混合方法设计有准混合之嫌。Tashakkori & Teddlie 与 Morse 观点上的分歧十分明确：Morse 所要求的是 Tashakkori & Teddlie 所排斥的；Tashakkori & Teddlie 所倡导的也是 Morse 所鄙视的。Tashakkori & Teddlie 明确指出，不信服确立质、量主次的必要性，也就是不承认理论欲求。他们认为 Morse 的主方法和辅方法之说有二分化的嫌疑：

...we differ with Morse's typology in that we do not believe in the necessity of pre-specifying a priority/dominance of QUAL or QUAN approaches because we believe that any single study is composed of multiple criteria, each conceptualised as a continuum, rather than a single dichotomy between core and supplementary components.

（Teddlie & Tashakkori，2010：25）

　　虽然在理论观点上有着明显的差异，在Tashakkori & Teddlie主编的*Handbook*第一版和第二版中，Morse的理论都占有突出位置。这显示了混合方法学界理论争辩的丰富性和开放性。从一个角度看，在核心基础理论问题上难成一致，是学界未成熟的一个指征。然而从另一个角度，浑厚的理论争辩正是混合方法研究繁荣发展、不断发展的重要原因。这种争辩的作用和结果还在于，使混合方法研究者和学习者思考多种可能，并以一种更加开放的、包容的姿态看待和理解学术和研究。

四、混合方法的研究问题

　　有了研究问题，才有研究设计。研究过程中，通常问题在前，设计在后——虽然问题和设计可以互动。在本书中，对混合方法的研究问题的讨论放在设计讨论之后，主要是就研究而言，针对混合方法设计的研究一直是学界热点，而针对混合方法研究问题的研究较少、较晚。

　　研究问题在研究过程中的核心角色是毋庸置疑的。混合方法文献中一致的观点是，当一项研究的研究目的和研究问题要求质化和量化方法结合的时候，混合方法的使用才是恰当的。

　　研究问题源于研究目的。与研究目的相比，研究问题更加具体，是研究者通过研究要回答的实际问题。它为一项研究设定了边界、明确了具体方向、防止研究变得太泛。可以说，研究问题为一项研究提供了"窄焦点"（Plano Clark & Badiee，2010：278）。正因如此，研究问题将研究目的与研究设计、方法直接联系起来。

　　围绕混合方法中研究问题的角色和来源，文献中出现了三种理论框架。第一种理论是问题主宰方法。持此理论的学者认为，研究始于问题，所有关于方法的决策都取决于问题本身。也就是说，这种理论将研究问题视为混合方法研究的驱动力，将研究问题在混合方法中的角色认定为支配性角色。学者在表述研究问题的主宰性和支配性这种观点时使用了十分强烈的语言以传递意义：

A research project is built on the foundation of research questions.

（Blaikie，2000：58）

It should be the nature of the research question that leads to a choice to use mixed methods——never the reverse.

（Bazeley，2003：389）

...the dictatorship of the research question

（Tashakkori & Teddlie，2003：679）

Methodology is ever the servant of purpose [and questions], never the master.

（Greene，2007：97）

在这种"独裁"（dictatorship）理论视角下，研究者为解决问题而进行的方法选择如同工匠从工具箱中挑选最好用的工具一般，使方法问题变成不带任何思想的纯技术问题。这种实用视角下，与方法相关的世界观问题或者说方法本身携带的思想问题成为次要，甚至不必要。这种理论虽然与实用主义所提倡的设计与方法的选择要基于真正能够解决研究问题这一原则相吻合，但不容忽视的是，研究过程远非"独裁"那么简单。当我们说，研究问题决定一切的时候，其实研究问题是我们提出的，是由我们的价值体系决定的，而且在研究过程当中会产生变化或者浮现新的问题，并与很多背景因素发生互动。

Bryman（2007）就研究问题在研究实践中的角色作了实证研究，对20位使用混合方法的研究者进行访谈后发现：有些研究者使用混合方法是出于研究问题的需要，而有些研究者使用混合方法是由于认为混合方法是流行的、更好的方法，有利于获得资助和发表等原因。正因如此，研究问题与研究方法之间的单向关系，即问题主宰方法是值得怀疑的。在研究问题和研究方法之间存在着第三变量，这第三变量对其他两个变量具有影响。也就是说，学科特点、政策指向和资助要求等因素既影响研究者提出的研究问题的本质，又影响其方法的运用。可以认为，研究问题的形成、数据的采集和分析都受到研究者信念的影响，这些信念包括学科的风尚和要求、提供资助的机构的指向和预期，等等。不仅如此，研究者的"技术能力"——使用哪种方法得心应手也是一个重要因素，乃至于有些研究者实际上是为使用某些方法而构造相应的问题，也就是说，问题的构造是以能够导致某些方法的使用的方式进行的（Bryman，2007）。

关于混合方法中研究问题之角色的第二种理论正是考虑到若干背景因素，不再认为研究问题"独裁"，而将其视为研究过程的中心。这种理论将研究问题与研究目的、理论与信念、方法以及有效性问题相连，强调这些元素之间的互动。在这种理论框架中，研究问题还是中心角色，但与上述第一种理论不同的是，这里研究问题是与研究过程的其他元素互动、相融，而不是一个单向线性过程。这种理论将研究问题视为中心，是因为它影响着研究过程中的其他元素并受其他元素影响，而不是因为它是研究的起始点（Maxwell & Loomis，2003；Plano Clark & Badiee，2010）。同时，研究过程中的各个元素又受到众多背景因素的影响，也就是，众多背景因素通过信念与理论、目的、方法以及有效性元素而间接地影响着研究问题本身。

在上述两种理论框架的基础之上，Plano Clark & Badiee（2010）通过实证研究提出了混合方法中研究问题之来源的框架，描述研究实践中研究问题是如何形成的。这个框架中呈现的混合方法研究问题的来源主要有五个：1）文献和实践中发现的问题；2）学界的影响，即学界对于哪些问题最有研究意义的共识；3）研究者的信念和经验，即研究问题往往与研究者的世界观、个人目标、价值体系、研究风格取向保持一致；4）研究问题与研究方法相互决定，即问题和方法之间是双向往复的关系，在研究者思考方法的过程中问题可能发生改变或者浮现新的问题；5）研究结果和释义中浮现的问题，即意料之外的结果、极端的案例、不同的现象等都会促使研究者修改研究问题或者设立新的研究问题。图4呈现混合方法研究中研究问题的来源：

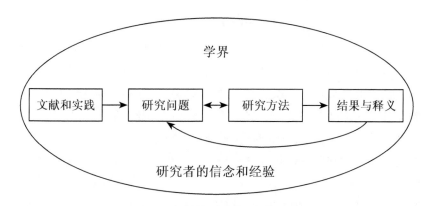

图4　混合方法中研究问题的来源

（基于Plano Clark & Badiee，2010）

　　一个强大的混合方法研究始于一个强大的混合方法研究问题。这里的"始"并不是指研究问题是研究过程的起始点，而是在报告、呈现研究之时，研究问题势必在先。混合方法的研究问题应当怎样提出，即所谓强大的混合方法研究问题具备怎样的特点却是学界研究尚少的主题。一直以来，混合方法论者都将混合方法视为一个包含着质化、量化和混合的方法的连续体，对立于质和量的二分化。在这种质、量连续的视角下，研究问题应当如何构建？是将分别的质化问题和量化问题合在一起，还是应当用一个单独的、广义的问题去"罩住"质和量两部分？

　　现有文献和研究实践中，混合方法的研究问题可归于三种呈现形式：1）分别提出质化的、量化的问题，之后提出一个明确的混合方法问题，这个混合方法问题往往与质、量结合的本质有关。这是Creswell & Plano Clark（2007，2011）提倡的问题方式。这种混合方法研究问题既可见于同步设计，也可见于次序设计。例如，在同步设计中，可以是：质化结果与量化结果是否趋同？在次序设计中，可见：质化结果如何帮助解释或扩展最初的量化结果？2）提出一个总括式的混合方法问题，之后将其细分为质化的和量化的副问题，分别在研究的不同阶段解决。这是Teddlie & Tashakkori（2009）提倡的问题方式。这种混合方法研究问题多见于平行或同步设计，而不是次序设计。例如，总括式问题可以是：任务中教师纠错对A、B两组学生的行为和感知有何影响？副问题可以是：A、B两组在变量……上是否不同（量化研究）？A、B两组学生怎样看待纠错（质化研究）？3）随着研究的进展，在每一个研究阶段提出一个研究问题。如果第一个阶段是质化阶段，提出的问题是质化问题的形式。第二个阶段是量化阶段，提出的问题是量化问题的形式。显然，这种类型的研究问题多见于次序设计。

上述几种不同的混合方法研究问题的呈现方式体现了不同的视角，引人思考。混合方法研究中，是否应当仅仅分别提出质化的和量化的问题，还是应当提出一个专门的、明确的有关混合的问题以强调质、量结合的本质？抑或构造一个总括式的问题以涵盖质化和量化问题？更加令人思忖的是，如果像学界的主流思想那样，将混合方法置于质化的和量化的方法之间的连续体上，而不是将其视为质、量二分化之外的第三选项，就会出现一个有趣的两难局面：混合应该出现在研究问题（或者研究目的）上吗？能够出现在研究问题上吗？还是应当将混合仅限于方法——也就是数据的采集和分析？往往这些难于回答的问题越多，对这些难于回答的问题的思虑越多，就越发能够理解和接受Morse（2003，2010）的理论欲求说。

五、混合方法的质量标准

　　质化研究被广泛接受、呈现强劲势头的同时，带动了研究方法学中的一个重要发展，那就是针对质量标准的研究。质化研究者的关切在于，与量化研究相连的传统质量标准，即可靠性、有效性、泛论性等不适合于质化研究。他们提出了两种主要办法解决质化研究质量标准的问题：一是改造传统标准使之适合质化研究；二是制定另外一套标准。在这过程中出现了丰富的有关质化研究质量标准的著述（例如，Lincoln & Guba，1985；Yardley，2003；Creswell，2007）。

　　所谓质量标准究竟是考查什么？可以说，它与全部研究过程相关——从研究问题的形成到研究意义及理论的生成。如此，它将研究过程的各个方面，包括问题形成、取样策略、研究手段、分析和释义总括在一起。而在质量标准的讨论中，关于混合方法研究质量标准的探讨却很少。量化研究有量化研究的质量标准，质化研究有质化研究的质量标准。按照逻辑，将量化方法和质化方法结合在一起的混合方法研究的质量标准有三条出路：

　　1.趋同标准——对混合方法中的量化成分和质化成分使用同样的标准。

　　2.分别标准——对混合方法中的量化成分使用量化研究标准；对质化成分使用质化研究标准。

　　3.订做标准——为混合方法研究专门制订新的标准。

（Bryman，2006）

耐人寻味的是，所有上述三条出路都可能引起歧义，这种歧义可能会阻碍而不是促进混合方法的发展。质量标准问题的复杂性是由混合方法本身的复杂性和不确定性决定的；它涉及很多更深层次的问题。例如，Bryman（2006）认为，在质化研究用于生成理论假设或者用于帮助量化研究制定测量工具的混合方法中，量化研究是该项混合方法研究的主体框架，那么趋同标准，即量化研究的传统标准作为整体混合方法研究的质量标准最合适。但在这样的混合方法中，质化研究的作用至关重要，因为它是理论假设和测量工具的基础和来源，质化研究的质量直接影响乃至决定着整体混合方法研究的质量！忽略质化研究的质量不计，单纯以量化研究的可靠性、有效性和泛论性来考察整体研究，显然不妥。在我看来，趋同标准站不住脚。

Bryman（2006）认为，混合方法研究采取怎样的质量标准既与研究设计中量化和质化成分的地位对比有关，又与量化和质化成分结合的程度有关。订做标准似乎更适合于量化和质化成分地位平等的混合方法研究，而对于量化主导和质化主导的混合方法研究来说，订做标准并不合适。就结合程度而言，量化和质化成分相对独立，如只在结果释义时发生结合的混合方法研究更适用分别标准。而对于量化和质化成分结合程度较高的混合方法来说，订做标准更加合适。由于学界在混合方法的方法论上的分歧，包括量化和质化成分能否地位平等、混合究竟能够或者应该发生在研究过程的哪个/些阶段，使得质量标准问题变得更加复杂。包括我本人在内的以理论欲求说为思想基础的混合方法论者应该只相信分别标准而对趋同标准和订做标准持怀疑态度。

Creswell & Plano Clark（2011）认为，分别标准适用于质化和量化两部分研究都缜密进行的混合方法研究。他们的理论躲避了质化和量化成分的地位对比以及质化和量化成分结合的程度这些敏感、争议的问题。只要质化和量化两部分都努力地、严肃地去做，就可以使用分别标准作为混合方法的质量标准。混合方法研究中的严密的量化研究部分应当符合下述标准：一个匹配研究问题的设计、一个构想的理论、能够产生可靠而有效结果的数据采集、整体量化研究必须是可泛论的、有效的、可靠的和可复制的。而一个严密的质化研究部分必须符合下述标准：凸显缜密的数据采集、基于质化流派的哲学思想（例如人种志、叙事研究）、聚焦单独的现象、以有效性策略确认描述的准确性、采取多层次的数据分析、采用有说服力的且吸引读者的著述方式、阐明研究者角色及其对研究释义的影响（Creswell & Plano Clark，2011）。

Bryman et al.（2008）以从事混合方法研究的研究者为对象，了解他们心目中混合方法的质量标准。这项实证研究发现，被调查的三分之二的研究者都认为，混合方法中的量化和质化成分应该有不同的质量标准。这似乎表明，在趋同标准、分别标准和订做标准这几条混合方法质量标准方案中，分别标准更容易被接受。但在混合方法的质化部分响应质化标准、量化部分响应量化标准的同时，整体研究也应该反映混合方法自身的若干特点——这些特点是方法意义上的特点，是混合方法质量标准这个问题上的方法导向。也就是说，除却质化部分的质化标准和量化部分的量化标准以外，混合方法的研究质量应从下述要点评估：

1. 既有量化数据又有质化资料；
2. 数据采集和分析的过程严谨而有说服力；
3. 两种数据源的结合为解决研究问题带来了比单纯质化或单纯量化研究更好的效果；
4. 使用一种明确的混合方法设计；
5. 以明确的哲学思想为框架；
6. 使用混合方法学界通用的语言。

（基于 Creswell & Plano Clark，2011）

近年来文献中出现的另一种针对混合方法质量标准的理论框架是 O'Cathain（2010）。这个框架实际上是将文献中出现的有关混合方法质量标准的理论进行全面描述而形成一个所谓综合框架。这个框架将混合方法的质量标准划分为若干个区域进行衡量，包括：第一区域——方案质量、第二区域——设计质量、第三区域——数据质量、第四区域——释义的严谨程度、第五区域——结论的可移程度、第六区域——著述质量、第七区域——方法可摘要性、第八区域——结果可用性。O'Cathain（2010）自己也承认，这样一来恐怕标准是太多了！反倒印证了Bryman（2006）、Creswell & Plano Clark（2011）提出的理论，即，混合方法的质量标准某种程度上具有应变性（Bryman，2006）和背景性（Creswell & Plano Clark，2011）。由于混合方法本身的复杂和多变的特点，很难寻求一种评估所有混合方法研究的标准。混合方法的质量标准可以随混合方法研究的本质和目的的改变而改变。当我们以方法视角看待混合方法之时，混合方法的质量标准就更多地在于其研究设计了。不同的设计有不同的特点。每种设计类型的核心理论特点应当就是检验使用该种设计的混合方法研究的质量标准。

第二部分

混合方法在应用语言学研究中的应用：基于语言教学实证研究案例的探讨

六、混合方法与三角测量[1]

关于混合方法的讨论已有三、四十年，至今，在很多根本问题上仍有很多争议。在对混合方法的批判声中，不相容论者坚持认为，质化和量化方法基于不同的范式思想而难以结合。很大程度上，围绕混合方法的批判和争论主要纠结于其哲学基础，而在这哲学辩论之中实用主义似乎成为混合方法哲学基础的一条出路。

不相容论使人回想起20世纪70、80年代的范式战争，其核心是，方法基于范式，范式之间的不相容使得量化和质化方法不可能兼容（Denzin，2012）。这种观点遭到摒弃，因为研究者的研究实践已经表明，混合方法是成功的，是完全可能的。所谓"三角测量"的概念正是出现在这个时候。

1. 三角测量：混合方法的核心原则

学界很多学者主张，三角测量为混合方法的使用提供了正当理由（Mertens & Hesse-Biber，2012）。自Denzin（1970）以来，关于三角测量的讨论一直延续至今。可以认为，从根本上说，支撑混合方法研究的核心原则就是三角测量原则，即没有任何单一方法能够为研究者全面解释其所研究的现象，因而两种或多种方法的运用可以为研究者带来不同的理解手段。三角测量的思想基础在于，不同方法的使用可以产生不同的角度，这些不同的角度能够将事物呈现得更加丰富而全面——使用多种方法产生的结果要比单一方法生成的结果更加丰满、

---

1 本章主体内容发表于《外语与外语教学》2015 年 5 期。

更加细致、更加有效（Torrance，2012）。Denzin（1970）提出，三角测量可以包括四种类型：数据三角测量（即多种数据）、方法三角测量（结合不同方法）、理论三角测量（运用多种理论类型）和研究者三角测量（使用不同理论或方法论背景的研究者）。起初，三角测量被定义为使研究有效化的一种策略或者工具。这种观点在20世纪80年代受到了不少批评，并最终导致了概念的重新定义。修订的概念是将三角测量定义为替代有效化的一种方案和拓展潜在知识的一种方法。一项研究中，多种方法的结合、多种实证材料的结合、多种角度的结合以及多个研究者的结合是增强研究的严密性、丰富性和深入性的一种策略：

> Triangulation includes that researchers take different perspectives on an issue under study or more generally in answering research questions. These perspectives can be substantiated in using several methods and/or in several theoretical approaches. Both are or should be linked. Furthermore it refers to combining different sorts of data on the background of the theoretical perspectives, which are applied to the data…At the same time, triangulation (of different methods or data sorts) should allow a principal surplus of knowledge. For example, triangulation should produce knowledge on different levels, which means they go beyond the knowledge made possible by one approach and thus contribute to promoting quality in research.
>
> （Flick，2008：41）

2. 建构主义视角下混合方法的三角测量

不少学者认为，三角测量最早仅指不同的质化方法的使用，后来才被用于质化和量化方法的混合（Denzin，2010）。实际上，早在20

世纪60年代，Webb et al.（1966）就将三角测量法用于制定概念量度，即通过使用一种以上的方法制定量度以使结果更加准确。显然，三角测量最初是与量化研究紧密相连的。后来，三角测量也出现在质化研究当中，例如，人种志研究者通过访谈来判断其对所观察的事物的理解是否有误。如今，三角测量越来越多地在指质化和量化方法的混合。然而，在混合方法的讨论中，三角测量的意义却一直局限在寻找结果的一致性上。

在混合方法中，三角测量的逻辑被定义为，在量化和质化方法之间，用一种方法得出的结果去核准另外一种方法得出的结果（Greene et al.，1989；Hammersley，1996；Bryman，2006）。而在当下的混合方法研究中，三角测量更多地在指使用质化的资料来加强量化的结果，其目的是使量化结果更加有效（Hesse-Biber，2012）。对于三角测量的这种理解一定程度上体现了实证/后实证范式的思想和演绎推理的逻辑，即验证理论和重视客观。然而，从建构主义的角度出发，结果不同比趋同更加重要，如何解释不同才是研究的价值所在。

在建构主义视角下，社会现象及其意义由社会中的人实现。这意味着，社会现象及类别不仅由社会互动产出，而且处在不断修改之中（Bryman，2001）。由于人们寻求对所生活和工作的世界的理解，他们赋予自己的经历以主观的意义。由于这些意义是多重的、不同的，研究者需要寻找的是观念的错综和复杂（所谓结果不同），而不是将意义局限为几个类别或几个思想（所谓结果趋同）。研究的目标在于尽可能地依赖研究对象对所处境况的见解——而这些主观意义往往是意义协商的结果，是经历史和文化沉淀并与他人互动而成。建构主义视角下的研究者在研究对象的生活背景中倾听他们的声音、观察他们的行为、关注他们之间互动的过程。研究者聚焦研究对象生活和工作的环境以期理解其历史和文化背景。不仅如此，研究者能够认识到其自身的背景同样影响着其对事物的理解，并在研究中承认其释义承载着个人、文化和历史经验。建构主义世界观下，研究者的意图是诠释他人赋予其世界的意义。这也正是为什么建构主义和解释主义常常连在一起，而质化研究往往被称为解释研究（Creswell，2007）。

　　在混合方法研究当中，质化成分往往充当着关键但却从属的角色（Torrance，2012）。一旦量化研究面临失败，例如实验组和参照组之间未能发现明显不同，质化资料立刻变得珍贵，拿来解释个中缘由。而在整体研究设计当中，质化成分往往改变不了其辅助的、从属的地位。混合方法领域仍然是更多地倾向于实证导向，相对于量化数据来说，质化资料是"辅助"的、"二号"的角色，用来解释量化结果，为已经得出的结论提供些例证（Hesse-Biber，2010：457）。尽管混合方法学者提出多种不同的设计类型，质化主导、量化-质化均衡都是混合方法设计理论中的不同研究设计（张培，2013）。但在混合方法的研究实践当中，质化研究的从属性在包括教育教学在内的应用研究中确实明显（Torrance，2012）。正因如此，近来混合方法学界出现了加强质化研究的呼声，主张质化方法能够在混合方法研究设计中承当起比现在重要得多的角色（Hesse-Biber，2010；Flick et al.，2012）。

　　质化研究的关切是量化研究所难理解和所不能的。质化研究的优势在于解释，是"比测量和因果更加宽泛意义上的解释"（Mason，2006：16）。质化方法为研究社会生活的复杂性提供了更为可靠的抓手，也为被研究者参与到研究过程之中提供了更好的机会，而这一点是至关重要的，因为这些机会可能会影响研究的结果，进而影响或改变他们生活、工作和学习的环境。研究者与被研究者之间的正面接触是研究者与被研究者共同建构知识的途径，是建构主义知识论所现，是质化研究的核心特点和核心价值，是混合方法研究中需要加以利用和进一步挖掘的。混合方法研究应当侧重质化成分，应当通过被研究者进一步参与研究过程，在质化和量化数据间形成三角测量（Mertens & Hesse-Biber，2012；Torrance，2012）。

　　建构主义视角下的混合方法的方法论可以建立在一种新的三角测量的思想之上，即研究问题的不同角度之间的三角测量。这些角度可以包括，研究者对于被研究者的世界的理解、被研究者对于自身世界的理解、被研究者对研究者的理解的认同，等等。将这些角度联系在一起的是不同的数据采集方法，以及由此产生的各种数据。这种意义上的三角测量并不在于寻求结果的一致性——用一种方法确认由第一种方法已经得出的结果，而是新的知识源——是就研究问题获取更多认识的途径。这种三角测量也可以被看作是一项研究的延展。混合方法的意义不在于不同方法产生的结果之间的核准和确认，而在于将不同的结果结合在一起从而形成对复杂事物的全面的、丰富的认识和理解。基于这种三角测量思想的混合方法研究就是发现方法的局限并超越方法局限的过程。

3. 三角测量案例

3.1 *Applied Linguistics*、*The Modern Language Journal* 案例

在2003-2012年间西方应用语言学主流期刊 *Applied Linguistics* 和 *The Modern Language Journal* 上发表的使用了混合方法的语言教学实证研究中，三角测量的意义主要表现为四个方面：一是寻求量化、质化结果的一致性，从而加强量化研究结果的有效性；二是通过不同研究人员对数据所做的分析的核对提供评判间信度，增强研究可靠性；三是通过质化方法的深入探析，将量化方法取得的结论重新考量而产生围绕研究问题的新的、更为准确的理解和认识；四是通过多重方法的运用和多种角度的结合，全方位地理解问题、发现问题、延展研究。

Egbert（2003）在对外语课堂沉浸理论的研究中，使用了四种数据源，分别是学习者感知问卷、研究者针对任务过程的观察、任务产品以及任务后刺激性回忆。其中，前两种手段之间形成传统意义上的三角测量，即问卷结果与观察结果之间的对照，两种结果之间的一致性成为该研究的有效性指标：We used this as an index of validity. The two sets of scores showed a strong 91% correlation.（Egbert，2003：

509）这种以质化结果确认量化结果从而使量化结果更加有效的做法体现了实证/后实证范式思想下的三角测量观，整体研究设计也往往是量化主导的混合方法设计。

　　Toth（2004）在对二语课堂语篇的研究中采用了混合方法设计，其三角测量的意义主要表现为两个方面：一是方法及其数据三角测量；二是研究者三角测量。这项研究是通过专门设计的材料来对比会话导向的课堂活动和语法导向的课堂活动；主要数据是两个50分钟课堂活动誊本，在此基础上邀请学习者自愿观看录像及誊本，并对录像中一秒以上的延迟间隙给予书面解释（所谓延迟间隙在该研究中指教师提问后，学生作答之前沉默的秒数）。这虽是一个辅助方法，但体现了被研究者的视角，为研究者理解研究问题提供了重要信息。同时，编码在此项研究的数据分析中至关重要，因而在数据分析的编码阶段加入了另外两位研究员，形成三人分别编码，并比对结果。这种研究者三角测量意在提供评判间信度，提升研究可靠性。

　　Kissau & Wierzalis（2008）采用混合方法设计研究二语（法语）学习动机要素的性别差异，在量化的问卷数据和质化的访谈数据间形成三角测量。与传统意义上的质化结果单纯确认量化结果有所不同的是，质化结果在支持量化结果的同时，凸显了至关重要的内容，而这一重点是仅凭量化研究不可能得到的。访谈分析结果虽然支持问卷分析结果，即构成性别差异的13种变量，但访谈数据将社会观念这一要素推到重中之重的位置，即社会对于法语的认识——法语是女性的领域、学法语不是男人的工作。这种关于"阳刚"的社会认知成为构成法语学习动机要素的性别差异的首因。This perspective cannot be emphasised enough because its repercussions were evident throughout the study.（Kissau & Wierzalis，2008：408）正是由于质化数据的这一明确指向，使得研究者得出了研究的一个最重要结论：动机差异的根源在于什么是构成恰当男性行为的社会感知。这项研究中，三角测量的意义已不在于单纯寻求结果的一致性，而是就研究问题获取更多认识、形成更有力的结论。这一点在Iwasaki（2008）的研究中体现得更为明显。在一项针对母语为英语的学生留学日本一年前后的日语口语能力面试中话语风格转换的研究中，三角测量发生在数据分析阶段，即分析方法三角测量，对同一数据——留学前后口语能力面试誊本进行量化和质化分析。量化分析显示，尽管全部五个研究对象在留学之前的话语风格为礼貌风格，但在留学之后，其中二人的话语风格发生了转变，这一点与已有研究趋于一致，即一些二语学习者留学归来之后话语风格往往变得不拘礼节。如果仅凭量化分析，可以认为，五个研究对象中的二至三人在留学期间没有获得语用能力的提升，并在礼貌和朴素风格的使用上退步。然而，质化分析揭示，所有研究对象经过留学对于话语风格的社会意义获得了理解，通过选择和转换风格而成为更加主动的语言使用者。他们能对不同背景之下使用哪种风格进行更加主动的选择，而不是仅仅去遵守课堂里介绍的语言规范。由此引申出关于语言教学和学习的若干思考和意义。在这里，三角测量的意义不仅不在于结果的一致性，而是通过质化方法的深入探析，将量化方法看似取得的结论重新考量而产生不同的、更为准确的理解和认识。这种意义上的三角测量是建构－解释主义视角下的方法论，是混合方法的美丽价值之所在。

Polio & Zyzik（2009）以多重案例研究为策略考察西班牙文学课中的语言学习，其数据的三角测量主要涉及两个方面：一是多重方法获得的数据之间的三角测量，包括访谈、问卷、课堂观察和刺激性回忆；二是研究对象角度之间的三角测量，包括学生的角度和教师的角度。这种意义上的三角测量已完全不是以寻求结果一致为目的，而是力求全方位地理解问题甚至发现问题。研究发现，多种数据所呈现的一致性的结果是，学生在高级文学课上想要并需要能够促进其语言能力的讲授内容；而多种数据间显现出的差异性的结果在于如何最好地实现内容为基础的课程的双重目标，即内容本身的掌握和语言学习机会的获得。而这种观点上的差异存在于学生之间、教师之间、学生与教师之间及其与已有研究发现之间。没有多重方法之间的三角测量以及研究对象的不同角度之间的三角测量，不可能形成对此类复杂问题

的深入理解和多重认识。而这种深入理解、挖掘和拓展正是三角测量
的真正意义和更好意义之所在——这种意义上的三角测量的实现离不
开质化方法的充分作用。混合方法中质化成分的加强是体现三角测量
真正意义的前提条件。

3.2 《现代外语》、《外语与外语教学》案例

2011年至2013年《现代外语》的语言教学实证研究中，量化研
究占据绝对主流，混合方法少，质化研究几乎没有。在为数不多的混
合方法研究中，谢晓燕（2011）用"定量与定性"结合的方法考察了
英语专业课堂中教师母语的使用情况，其数据来源包括3名教师每人
12小时的课堂录音录像，以及每人三轮半小时的追溯式访谈。课堂语
料数据和访谈数据分别进行"定量分析"和"定性分析"。定量部分
考察母语的使用量和母语使用的功能类别，定性部分探究母语使用的
原因。这项研究通过课堂观察和追溯式访谈之间的三角测量，融合了
研究者和被研究者的视角，为更加全面地理解研究问题提供了可能。

2011年至2013年《外语与外语教学》的语言教学实证研究同样
是纯量化研究为主流。2011年至2013年中，《现代外语》和《外语与
外语教学》中虽然有些作者说明结合了定量与定性的方法，或是量与
质的方法，但唯一一次作者明确了"混合型研究方法"这一概念的是
在田丽丽（2011）的研究中。该研究考察形式教学对二语接受型词汇
成绩的影响，将词汇前测、后测与教学过程的课堂观察相结合，获得
词汇测试成绩和师生互动对话数据，分别进行量化和质化分析。作
者"对教学过程进行了课堂观察，通过课堂录像和录音的方式搜集课
堂师生之间互动的定性数据，这样既确保教师对不同的组遵循了不同
的教学方式，也能观察词汇形式教学在英语课堂中的具体应用情况"
（田丽丽，2011：53）。可以认为，在这项量化主导的混合方法研究中，
三角测量的意义不仅在于用质化方法核对、解释量化分析的结果，还
在于通过质化方法的使用提高数据的准确度和研究的有效性。

刘璐、高一虹（2012）"结合量与质的方法"考察了大学英语专

业学生的英语学习动机与自我认同变化，是《现代外语》和《外语与外语教学》两刊中为数很少的非量化主导的混合方法研究的一个代表，其量化和质化成分基本均衡。该研究的数据采集方法包括问卷、测试、开放式个别访谈和英语学习日记。分析中，问卷的描述性统计、测试的ANOVA及事后检验与访谈、日记材料的质化分析相结合。这项研究中，三角测量的意义不仅在于质的材料为量化结果提供支持，还在于质的方法的使用揭示了单纯量化方法无法显现的方面："质的材料为削弱性变化的上升提供了支持，并显示了这一变化体现的多个方面"（刘璐、高一虹，2012：34）。也就是说，质的材料不仅仅是支撑、解释量化研究结果，而是为研究者"揭示了更为复杂、多元的情况"（刘璐、高一虹，2012：34）。而质化方法所带来的对研究问题的更加复杂、多元情况的洞悉正是三角测量的更大意义。

4. 案例分析结语

混合方法的目的不尽相同，但作为混合方法逻辑基础和核心原则的三角测量不应局限在核对结果——用质化结果确认量化结果这种简单意义之上。超越传统意义的三角测量是超越实证/后实证范式视角的混合方法的方法论。这种方法论重视被研究者视角、解读被研究者视角，通过多种方法的运用和多重数据的释义，形成对研究问题的更加丰富和更加全面的认识，是研究者与被研究者共同建构知识的过程。建构主义视角下的三角测量的真正意义在于新的知识源。基于这种三角测量思想的混合方法即使不是质化驱动的混合方法，也是质化方法有重要担当的混合方法，是本书所倡导的混合方法。

与国外相比，国内语言教学研究中混合方法的使用不仅较少，而且混合方法设计的成熟程度、思虑程度以及对质的成分的理解和重视程度明显存在差距。加强混合方法的研究、思考和实践应是我国外语学界一个富有意义的课题。

七、质化驱动的混合方法

　　一个质化驱动（或主导）的混合方法中，理论欲求和主方法是归纳的，即研究的总体方向在于发现、挖掘，尽管其辅助成分是推理的和量化的。

　　主方法的取样采用标准的质化取样策略，也就是在研究的起始部分使用一个小的目的性样本，而后是一个理论样本，因为对于量化研究部分来说，主方法的样本太小且缺乏随机性。对于辅方法，即量化研究部分来说，可根据研究目的采用不同的取样策略，包括1）使用外部标准：如果辅方法的目的就是为每一个研究对象加上某种量化指标，那么就可以选取一个标准量，通过对每个研究对象的某种测试或衡量，解释其结果与标准量之间的对比；2）使用相同样本：如果质化研究部分的样本足够大，可以使用相同样本呈现频次。然而，由于这个样本是一个方便样本，可能存在偏见，终究是研究的缺陷；3）另取样本：上述两种都有可能影响研究的有效性，因而需要为量化研究部分另取一个更大的样本。相对于前两种策略，另取样本具有明显的优势，也常使用。值得注意的是，在另取样本时应使抽样总体与质化部分的抽样总体尽可能相近（Morse & Niehaus，2009）。这个样本的大小可以做到符合量化研究要求并且随机。

　　质化驱动的混合方法中，质化和量化成分可以同时进行也可以先后进行。质、量的结合往往都是在结果释义阶段：质化研究的发现构成结果的理论框架，量化内容用以扩充结果中的某些细节。

1. 质化的主方法

质化驱动的混合方法中，作为主方法的质化方法可以是焦点小组访谈、半结构式访谈、参与者观察等这些数据采集方法，也可以指人种志、现象学、扎根理论、案例研究和叙事研究这些质化研究策略。在研究了若干期刊论文中的混合方法设计的基础上，我认为，当这个所谓质化的主方法是指数据采集方法时，整体研究策略往往就是混合方法策略。而当这个所谓质化的主方法是指某种质化研究传统，如人种志时，整体研究策略往往还是该质化传统——即人种志，而混合方法的体现是在人种志中出现了量化成分。这就类似前文中Creswell & Plano Clark（2011）提出的嵌入式设计，即量化和质化成分共同出现在一个传统的量化或质化研究设计里的混合方法类型。

1.1 质化的数据采集方法作为混合方法的主方法

1.1.1 焦点小组访谈

焦点小组访谈是研究对象之间的组式讨论，一般由一个研究者充当讨论协调人。小组成员的选择一般要符合某些条件，如具有某些共同经历。协调人的任务是对小组提问并促进组员之间的讨论，使组员的发言相对均衡，不致形成个别组员主导谈话的局面，而让所有成员都表达观点。虽然焦点小组访谈的问题是计划好的，但在激发讨论过程中，协调人，即研究者往往添加新的问题。

焦点小组访谈具备两种方法元素——小组访谈元素（即若干组员讨论一系列话题）和焦点访谈元素（即被访者的选择基于他们曾参与到某情境当中并谈论其参与情况）。焦点小组访谈与小组访谈的区别在于，它比后者有更明确的焦点。焦点小组访谈与焦点访谈的区别在于，后者可以针对个人或团体，而前者是在后者的基础上附加了组内互动元素。Bryman（2001）将焦点小组访谈方法定义为：

The focus group method is a form of group interview in which: there are several participants (in addition to the moderator/ facilitator); there is an emphasis in the questioning on a particular fairly tightly defined topic; and the accent is upon interaction within the group and the joint construction of meaning.

（Bryman，2001：337）

　　焦点小组访谈这种方法有着独特的、有趣的方法特点。在个人访谈中，受访者常被问及持有某种观点的理由；而在焦点小组访谈中，组员之间有了相互探究理由的机会。例如，在焦点小组访谈中，某个成员回答了问题，但当他听到其他人的回答后，可能会补充或者修改观点，也可能会对别人提出的而自己没有想到的观点提出赞同。此类种种可能使得焦点小组访谈成为围绕某一主题获取多种不同见解的有效方法。

　　焦点小组访谈也好、个人访谈也好，目的都是获取被访者的见地。但由于在焦点小组访谈中，协调人必须将一定程度的控制权交给组员，使得焦点小组访谈中被访者真正的关切更有机会显现出来。而这对于质化研究至关重要，因为质化研究的出发点就是被研究者的见解和声音。在传统的一对一访谈中，受访者的话可能前后不一致，甚至明显不真实，但研究者一般不会直接提出这些问题去挑战受访者。而在焦点小组访谈中，组员之间常常彼此争论、相互挑战各自观点。这种争论的过程使得组员被迫思量、修改观点，使研究者有机会获得被访者更加真实的想法。同时也就意味着，焦点小组访谈为研究者提供了了解若干被研究者如何共同诠释现象并建构意义的机会。正是由于焦点小组访谈方法反映了意义建构的过程，因此可以认为，它比个人访谈方法具有更多的自然主义色彩。

　　当焦点小组访谈是质化驱动的混合方法中的核心成分，研究者必须增加小组数直到获得足够的数据。当焦点小组访谈成员所要回答的问题直接关系到该项研究的理论核心，研究者就必须增加小组数直到实现研究目的（Morse & Niehaus，2009）。那么我们究竟需要多少个小组？显然，只有一个组不大可能满足研究者的需要，因为很可能研究者从一个小组中得到的答案仅限于该小组。同时，研究者还要考虑时间和资源因素，组数太多可能是一种时间浪费。通常，当研究者能够基本预料到下一个组的答案时，组数基本够了。这一点类似所谓理论饱和概念，即主要分析类别达到饱和之时，没有必要继续，数据采集可以停止。不少使用焦点访谈小组方法的研究者采取分层取样策略，主要是考虑到被访者的观念可能受到年龄、性别、阶层等因素影响，这时组数可能会增多。

每个小组的人数也是一个棘手的问题：如果人数太少，可能损失互动多样性；如果人数太多，可能造成有的人没有机会呈现观点。Morgan（1998）和Bryman（2001，2008）认为，典型的小组规模是6-10人。Morse & Niehaus（2009）认为，理想的小组规模是6-8人。通常可以认为，当组员对研究主题有很多可讲、主题具有争议性和复杂性或者是以搜集受访者个人陈述为主要目标的时候，小组规模不宜大。

质化研究的目的就是获取被研究者的视角，因此，在焦点小组访谈中，研究者，即小组协调人的姿态和方式不应是干扰式的、结构式的。通常，研究者使用为数不多的几个很宽泛的问题来引导访谈，并留给受访者很大的自由度。给被访者足够的自由驾驭讨论的空间对于研究者来说是有益的，因为这样研究者能有更好的机会明晰被访者认为最重要和最有趣的方面。然而有些时候，研究者还是需要干预的，特别是当一些对于研究问题本身来说具有重要意义的话题却没被讨论涉及之时。因此，焦点小组访谈中研究者的角色处在两种位置之间：一方面要使讨论自由进展，另一方面又要在被访者不谈重点问题的时候出来干预。

焦点小组访谈的数据分析往往采用内容分析方法。研究者往往使用焦点小组访谈来描述某个主题，或者来制定一个理论框架以用于后续的调研。例如，焦点小组访谈的分析中浮现出来的若干类别或主题将成为理论概念，用于问卷上的项目内容。也就是说，焦点小组访谈的对话为研究者提供了制作问卷项目的内容和语言。在这种混合方法中，质化方法，即焦点小组访谈的品质决定着后续量化成分的内容，因此整体研究是质化驱动的研究——不管后续的量化部分多费时、多费力、多费钱。这是因为：

The theoretical drive is determined by the theoretical contribution and the way that the researcher is working conceptually, not by the component that appears to be the most work, takes the longest time to do, or is the most expensive.

（Morse & Niehaus，2009：92）

1.1.2　半结构式访谈

研究者在对相关文献和研究问题有足够了解的基础上使用半结构式而不是非结构式访谈以更加有效地获取信息。半结构式访谈中，预先设计的访谈问题很重要，这些问题必须有逻辑性、系统性，使研究者能够掌控访谈并有针对性地获取明确、具体的信息。这种针对性和明确性是半结构式访谈区别于非结构式访谈的一个特点，也可以说是优点。在半结构式访谈中，研究对象自由回答问题，研究者常常根据研究对象的回答作进一步深入的询问和挖掘，以获取额外的、更多的信息和解释。半结构式访谈的一个重要特点就是，研究对象的自由是相对的——他们自由地表达观点、叙述经历、诠释意义，但这种自由是在研究者设定的界限之内的，也就是，与非结构式访谈中研究对象的充分自由不同，这里，研究者掌控访谈的内容和过程，确保研究对象"思路正确"，不致迷失。

质化访谈的方式有很大不同。半结构式访谈和非结构式访谈是质化访谈的两大类型。在完全非结构式访谈中，研究者可能只问一个问题，受访者自由作答，研究者只在值得跟踪之处作出回应。从本质上说，非结构式访谈与会话十分相似。而在半结构式访谈中，研究者有一个明确具体的问题清单，即所谓的访谈指南。虽然在实施过程中，研究者不一定完全按照预先设计的方式进行并且根据受访者回答的线索可以提问访谈指南上没有的问题，但总体来讲，访谈指南上所有的问题在实际访谈过程中都要问到，而且对每个受访者都使用同样的措辞。

无论是非结构式访谈还是半结构式访谈，访谈的过程都是灵活的，重点都在于获取受访者对事件、现象、行为、问题等的理解和看法。虽然非结构式访谈和半结构式访谈是质化访谈的两个极端，其间还可以有很多可变性，但多数的质化访谈与这两大类型相近。不管是非结构式还是半结构式，研究者在访谈过程中都不会像量化访谈中那样一味地、不折不扣地遵守访谈计划，但在半结构式访谈中，研究者在一定程度上确实是在按照访谈指南进行访谈。

如果研究者在研究之初有明晰的研究焦点，而不仅仅是一个十分广义的构想，那么半结构式访谈能帮助研究者更有针对性地考察问题。如果研究中涉及多重案例，研究者需要一定的结构来确保案例之间的横向比较。正由于这两点，在质化驱动的混合方法中，作为主方法的质化访谈往往是半结构式访谈。

半结构式访谈资料的分析往往是某种形式的内容分析，而且由于是以同样的顺序对每个研究对象提出同样的问题，因此可以对答案计数。这一点与焦点小组访谈不同，后者并不是每一个研究对象都回答每一个问题，研究者不能对答案计数。因而，半结构式访谈的一个优点就在于，既能提供丰富的质化资料描写，又能提供每一类答案的数字和百分比情况。

1.1.3 参与者观察

质化驱动的混合方法中主方法可以是参与者观察法，而在使用这种方法时，研究者的角色不尽相同，主要取决于其在研究背景中与研究对象的牵涉程度（Bryman，2008）。研究者可以是完全参与者，即完全加入到背景当中成为被观察者中的一员，而且其研究者的身份不被人知，即"潜伏"的观察者。研究者可以是作为观察者的参与者，即完全加入到被观察者当中成为其中一员，只是研究者的身份为被研究者所知。研究者可以是作为参与者的观察者，即其主要角色是访谈者，这里有观察成分，但观察基本不涉及参与。研究者还可以是完全观察者，即研究者不与被研究者发生互动，完全不干扰被观察的一切。

　　观察的数据通常以现场笔记的形式记录。在研究之初，观察是非结构式的，而随着研究的进展，观察可以越发具有针对性。在以观察为主方法的设计中，可以并且往往加入其他形式的数据，包括访谈、对话录音、摄像、文件等等。

1.2　质化研究传统/策略作为混合方法的主方法

　　如前文所述，质化驱动的混合方法中，主方法的概念可以指质化的数据采集方法，如焦点小组访谈和半结构式访谈，也可以指人种志、案例研究、叙事研究、现象学、扎根理论这些质化研究传统。在这些质化研究传统中出现混合方法时，整体研究仍然是质化驱动（或主导）的，整体设计大多仍然被称为人种志或案例研究这些传统策略，而不被称为混合方法。或许正因如此，Creswell & Plano Clark（2011）将这种融入到传统研究设计之中的混合方法设计称为嵌入式设计。

1.2.1　人种志研究

　　人种志的研究焦点是一个文化群体，这个文化群体可以较小，如几个教师，但典型意义的人种志聚焦一个较大文化群体，涉及许多人长时间的互动，如一所学校的全体教师。所有人种志都基于某种文化概念，其内在思想在于，文化是可知、可传的，并且是动态的。正是这种思想基础使人种志的研究可以在结果中呈现模式：

Ethnography is a qualitative design in which the researcher describes and interprets the shared and learned patterns of values, behaviours, beliefs, and language of a culture-sharing group.

（Creswell，2007：68）

对于人种志研究者来说，文化是隐含的——文化之中的人可能意识不到其文化的某些特点，因此最好由文化之外的人去理解。这就要求作为局外人的研究者长时间深入生活以获得对文化的真正理解。人种志的研究过程常常涉及对所研究的文化群体的长时间观察，而这种观察往往是参与者观察的方式，使研究者沉浸到该群体的日常生活当中，观察、采访群体的成员，获知其行为、语言和互动的意义。

人种志研究通常开始于很宽泛的访谈或观察，而随着研究者理解的深入，采集的数据变得更加具体。文献中，关于人种志的数据类型说法不一，例如 Hammersley & Atkinson（2007）指出观察、访谈、文件、物品等数据形式，Morse & Niehaus（2009）强调访谈、参与者观察和研究者日志三种数据类型。但基本一致的看法是，观察和访谈是人种志的最主流的数据采集形式。人种志研究中还可以出现多种不同的数据，包括焦点小组访谈、摄影、录像等。而且，相对于其他质化研究传统来说，人种志的研究比较提倡调研、测试等量化手段的运用（Creswell，2012）。

人种志研究的数据分析常以寻找数据中显现的模式和规律为特点。其他分析形式还包括将所研究的文化群体与其他群体相比较，以及将所研究的文化群体与更大层次的理论框架相联系。关于人种志的更多内容可参见张培（2012）。

1.2.2 案例研究

人种志中的整个文化群体也可以看成是一个案例，但人种志研究之所以是人种志研究而不是案例研究，是因为人种志的研究意图在于理解文化如何作用而不在于理解某个问题并以案例说明。案例研究是对某一问题的研究，通过对某一限定系统（如某一背景或环境）内的一个或几个案例的长时间挖掘来实现。案例研究是有着较长历史的质化研究传统，以细致、深入的数据采集和多重数据源为特征：

Case study research is a qualitative approach in which the investigator explores a bounded system（a case）or multiple

bounded systems（cases）over time，through detailed，in-
depth data collection involving multiple sources of information...

（Creswell，2007：73）

　　案例研究有着不同的种类，主要取决于所谓限定系统或者说限定
案例的大小。例如，案例可以涉及一个人、几个人、一组人、一个课
程、一项活动，等等。案例研究的种类还可以根据案例分析的意图进
行区分：单一工具性个案研究、多重案例研究和内在个案研究（Stake，
1995）。单一工具性个案研究中，研究者聚焦一个问题，而后选择一个
限定案例来说明这个问题。多重案例研究中，仍然是聚焦一个问题，
但选择多个案例来说明问题。多重案例研究的设计逻辑带有复制色彩，
即研究者在每个案例中重复着研究步骤（Yin，2014）。内在个案研究
的焦点是案例本身，因为这个案例显现出一种不同寻常或者独特的情
况，例如评估一门课程、研究一个有学习困难的学生，等等。

　　当研究者具备了特点明确的案例并寻求对这些案例的深入理解或
案例之间的对比的时候，采用案例研究策略是恰当的选择。案例可以
是一个人、几个人、一个课程、一个事件、一个活动。研究者需要思
考哪种类型的案例研究最为合适，是单一案例还是多重案例、单一场
所还是多重场所，是聚焦问题还是聚焦案例。案例研究的取样策略可
以是不同类型的目的性取样，例如，可以选择呈现问题、事件或过程
的不同方面的案例，也可以是普通案例、准入案例或不同寻常案例。

　　案例研究以数据广泛为特点，涉及多重数据源，如观察、访谈、
文件和影音材料。Yin（2014）更是提出六种数据类型：文件、档案、
访谈、直接观察、参与者观察和物品。案例研究的数据分析往往以对
案例的细致描写开始，之后是对关键问题，即主题的提炼。在多重案
例研究中，数据分析还涉及从每一个案例中识别问题并在案例之间寻
找共同主题。也就是说，多重案例研究的数据分析模式往往是呈现每
个案例的细致描写、发现案例之中的主题，即案例内分析，之后进行
各个案例之间的主题分析，所谓案例间分析（Creswell，2012）。

案例研究的分析与人种志的分析一样，对案例和背景的细致描写是十分重要的。数据分析总要涉及发现类属（categories）并将类属提炼为主题（themes）的过程。如果是多重案例研究，研究者可以使用文字表，即以某种统一的框架展现个体案例中的数据（Yin，2013）。这意味着研究者可以在多重案例之间寻找相似和不同。最后，研究者可以提出概论，这种概论在于，读者能够从对这个案例的分析中联系到自己的背景而学到什么，或者如何将这个案例中的发现应用于其他案例，或者这个案例研究的结果与文献中已有研究相比较发现什么。正是由于案例研究的这种所谓概论的"企图"，才要求研究者对案例及其背景的描写细致而详尽。

1.2.3　叙事研究

叙事研究源自文学、历史学、人类学、社会学、社会语言学和教育学，不同的领域有着各自叙事研究的方式，呈现出后现代的、人文的、心理的、社会的、量化和质化的、跨学科的不同视角。作为一种研究策略或者研究设计，叙事研究中的"叙事"可以被理解为口头的或书面的文本，这个文本以时间顺序记叙了一个或一系列事件或行为：

> [Narrative research is a specific type of qualitative design in which] narrative is understood as a spoken or written text giving an account of an event/action or series of events/actions, chronologically connected.
>
> （Czarniawska，2004：17）

叙事研究的主要特点是：聚焦一个或两个人物，收集他们的故事，叙述他们的经历，并以时间顺序诠释其经历的意义（Creswell，2012）。

叙事研究有多种不同的分析方法，叙事研究的类型可以按照分析方法的不同而区分。例如，叙述分析（Analysis of narratives）和叙事式分析（narrative analysis）就体现着两种不同的分析策略：前者类似普通意义上质化研究的内容分析，在故事与故事之间创建共通的主题；后者是搜集事件描述后将其绘制成一个有着情节线的故事。叙事研究的另一种分类方式是按照其不同形式而划分，主要有：传记研究（研究者记录、描写另一人的生活经历）、自传（被研究者记录、描写自己的生活经历）、生活史（描绘一个人的一生）、个人经历故事（描绘一个人的一段或几段经历）和口述史（收集一个或几个人对事件及其成因、后果的反思）。

叙事研究最适合于捕捉一个人或为数很少几个人的生活经历和生活故事。叙事研究者首先要能找到有故事的人，还要与之相处较长的时间，通过多种不同的方式获取故事，并将故事置身于其历史背景之中。数据采集方法包括：观察研究对象并作实地札记；收集研究对象的日记和信件、从其家庭成员中采集故事；搜集有关研究对象的备忘录、公函、照片、物品，等等（Clandinin，2006）。

叙事研究以时间顺序为重要特点，时间性是叙事研究与其他研究传统的区别所在（Cortazzi，2014）。叙事研究的数据分析就是找到故事的核心元素，包括时间、地点、情节、场景，而后以时间顺序对故事进行重写，所谓"再故事"（restorying）（Creswell，2012）。在这个"再故事"过程中，研究者搭建起前后关联。叙事研究的分析就在于，它有开头、有结尾、有过程；具备小说的若干典型元素，包括人物、时间、地点、场景、矛盾冲突，其故事情节往往展现个人与社会之间的互动以及过去、现在和未来之间的连续：

Similar to basic elements found in good novels, [aspects of the chronology of narrative research] involve a predicament, conflict, or struggle; a protagonist, or main character; and a sequence with implied causality（i.e., a plot）during which the predicament is resolved in some fashion.

（Creswell，2007：56）

叙事研究的分析在展现故事的时间顺序的同时，还可以呈现故事中浮现的主题，借此讨论故事的意义。由此，叙事研究的数据分析可以涉及故事描写和主题浮现两层内容。

1.2.4　现象学研究

如果说叙事研究展现的是一个人的生活故事，那么现象学研究描绘的是几个人有关一种现象或者概念的亲身体验。现象学研究的界定性特征是聚焦所有研究对象关乎某一现象的体验之中的共同之处，即将不同个体的体验浓缩为一种共通的实质，从而获得事物最根本的本质。这就要求研究者首先确定一种现象，或者概念，即所谓体验的目标，例如：教学中的激情。而后研究者从经历过这种现象的人中收集数据，其最终结果是综合描述所有研究对象相关经历中的实质。

质化研究都讲究哲学传统。而在人种志、案例研究、叙事研究、现象学和扎根理论这几类主流质化研究策略当中，研究者对哲学思想的讨论最不能少的，要属现象学研究。现象学研究的分类也具有浓重的哲学色彩，两个主要类型分别是解释现象学和先验现象学（参见Creswell，2012）。现象学最适用于旨在理解几个人有关一种现象的共同经历的研究。通常，研究者在确定了想要研究的现象之后，必须阐明现象学的哲学观。研究对象是那些经历过这种现象的人，这些人是数据的来源。现象学研究的主要数据采集方法往往是对研究对象的深度访谈和多次访谈，其他数据形式还可以包括观察、日志等。访谈中可以问其他的敞开式问题，但有两个问题是必不可少的：就这个现象你经历了什么？有什么背景或环境情况影响到你的这种经历？（Creswell，2012）现象学研究的数据分析采用质化分析的主流方式，具体来说，是从数据中发现重点陈述，从重点陈述中提炼意义主题。最终的著述也是围绕访谈的两个主要问题进行，即描写研究对象的经历、描写影响其经历的背景和环境。从这两种描写当中，研究者呈现出现象的实质，其重点在于研究对象的那些共同经历。

1.2.5　扎根理论研究

扎根理论研究与其他质化研究传统的最大区别在于，其研究意图

旨在超越描述而生成理论。扎根理论研究所呈现的是一个过程、行为
或互动的抽象分析和总体解释（Corbin & Strauss，2014）。其核心思
想在于，理论不是现成的，而是扎根于实地获取的数据当中——这些
数据来自经历过这种过程、行为或互动的研究对象：

...grounded theory is a qualitative research design in which the
inquirer generates a general explanation（a theory）of a process,
action, or interaction shaped by the views of a large number of
participants.

（Creswell，2007：63）

扎根理论的创始人是格拉泽和施特劳斯（Glaser & Strauss）。自
1967年创立以来，扎根理论已发展成为几种不同的形式，包括施特
劳斯派扎根理论、格拉泽派扎根理论、量纲分析、建构主义扎根理论
和情境分析。这些不同形式的扎根理论有着不同的研究目的和研究成
果，但其共同之处在于：1）聚焦互动和过程；2）所有扎根理论研究
都含有非结构式访谈。此外，都可以使用观察、文件等其他数据源；
3）分析中将数据分类并确定其特点，数据分析方法十分明确，一般
来说都是持续比较法。

如果没有一种理论可以解释某个过程，或者现有理论形成和检验
时的取样并非质化研究者所感兴趣的人群，或者现有理论不完整，因
为它没有涉及质化研究者所关注的某些重要变量，那么这时扎根理论
研究会是一种合适的研究设计。扎根理论的典型数据采集方法是访
谈，尽管像观察、文件、影音材料等其他数据形式也可以出现。扎根
理论中的访谈的特点在于，必须获得足够的信息以充分形成理论，通
常意味着20-30个访谈，甚至50-60个访谈（Creswell，2012）。访谈中
的问题通常就是扎根理论研究的问题，旨在理解每个研究对象所经历
的过程并确立过程中的步骤。在此基础上，更加细致的问题涉及过程
中的核心现象、影响或导致该现象出现的因素、过程中的策略及其结

果等。扎根理论的数据分析主要包含开放式编码、主轴式编码和选择式编码三个过程。在开放式编码中，研究者分割数据、确立类属。在主轴式编码中，研究者以一种新的方式将数据重新整合，从而确立核心现象、挖掘因果关系、明确核心现象产生的行为和互动、发现背景和干预条件、描绘行为和互动的结果。在选择式编码中，研究者用一条故事线将各个类属联在一起。这种数据采集和分析的结果就是一个所谓实质层次理论。研究可以到此为止，这就是一个质化的扎根理论研究。但这种实质层次理论可以接着用量化数据进行检验，以确定其是否具有泛论性，这时就涉及混合方法的设计了。扎根理论研究——无论任何类型的扎根理论研究都是独立存在的方法；用于混合方法设计时，只能是主方法而不能是辅方法。

1.3 混合方法的研究质量取决于主方法的研究质量

质化驱动的混合方法研究的总体方向是质化导向，也就是，整体研究的理论欲求是由质化的主方法提供的。这个质化的主方法是整体研究的基础和核心，因此要求这部分的研究必须精心、严谨、高质量完成，因为整体研究的质量取决于此。这就再次联系到前文讨论过的混合方法设计问题，即首方法应该是主方法的问题。辅方法先于主方法进行在逻辑上是行不通的，所谓"质化→量化"的混合设计不是好设计，也不是高质量的研究。

2. 质化驱动的嵌入式混合方法设计案例

2.1 *The Modern Language Journal, Language Teaching Research* 中的混合方法

The Modern Language Journal 和 *Language Teaching Research* 两刊2003-2012年间共发表的379篇语言教学实证研究论文中，使用了混合方法的研究101篇（约占26.6%）。其中，*The Modern Language Journal* 的214篇实证研究中，混合方法51篇；*Language Teaching Research* 的

165篇实证研究中，混合方法50篇。*Language Teaching Research* 2010
年4月的社论特别指出，语言教学研究中，混合方法的使用越来越多。

这些使用了混合方法的实证研究中，其研究设计主要表现为将
混合方法融入到传统研究设计之中，可以理解为混合方法的嵌入式设
计。这些传统设计涉及纵向研究、案例研究、调研、人种志、行动研
究、扎根理论、实验、语料库研究、互动及语篇研究、内省方法等。
这里集中探讨质化驱动（或主导）的嵌入式混合方法设计案例。

2.1.1　行动研究

Language Teaching Research 2012年7月刊发的6篇实证研究中，
有两篇是行动研究，并且都使用了混合方法。其中，Sampson（2012）
呈现了英语为外语的大学背景下的行动研究，考察个人的自我形象、
社会建构的自我形象和语言学习动机之间的关系。Sampson指出，日
本的外语学习动机研究中缺乏质化研究，而自我概念是动机的核心。
挖掘自我概念，要求质化方法或者质化成分为主的混合方法的运用，
因为这些方法能够带来关于学习者经历以及自我认知的细致描述。由
此，Sampson设计了一个大学学期内的三个周期的行动研究，使用混
合方法采集、分析数据。这种设计的思想在于，课堂行动研究始于发
现问题，进而制定改变现状的行动方案，再而对改变后的结果进行反
思。过程之中可能涉及循环，如第一次改变后的结果作为数据用于下
一个周期，以产生进一步的改变。行动研究的本质特征就在于其循环
性、反思性和批判性（张培，2012）。行动研究致力于改变——"改"
字当头，是一种干预式的研究（张培，2012）。这是它与其他研究的
主要区别。正因如此，行动研究，从本质上说，是质化驱动的研究。
它的视角是主观的，它的焦点是具体的，它的干预是蓄意的，它的结
果是不可泛论的——只适用于问题出现的特定背景。

Sampson的研究设计体现了行动研究的本质及其理论欲求，是一
个质化主导的嵌入式混合方法设计。研究者不仅设计了三个周期，还
采用了几种不同的数据采集方法，以实现方法间的三角测量。这是因
为，对于行动研究这种质化研究传统来说，循环反复是加强研究严密

性、减少其主观性的重要途径（Burns，2005；张培，2012）；而方法间的三角测量可以增强行动研究的有效性（Burns，2010）。研究发生的背景是在日本的一个女子大学，涉及的研究对象是研究者授课的一年级三个班级的34名学生。研究的第一阶段，研究者要求研究对象完成一个自由写作练习，详述一个学习英语后可能的最佳自我形象。该阶段获得的数据进行质化的内容分析，用于第二研究阶段的行动当中。在研究的第二阶段，研究者根据第一阶段的数据制定若干强化学生理想自我概念的任务，带入课堂，包括明确强化的任务和隐含强化的任务。该阶段的数据采集通过学习日记获取，研究对象在每节课后记录对课堂任务和课上学习的反思。对该阶段的数据进行质化的内容分析，用于确定第三阶段的行动。在研究的第三阶段，基于第二阶段的数据分析，将重点放在明确强化理想自我的任务上，同时展开实现目标的行动策略任务。该阶段的数据除了来自学生继续书写的学习日记，还包括阶段末以对学期学习的反思为主题的两人会话任务，以及一份包含开放式问题的数字评级问卷。

Sampson的这项行动研究中的重点方法是内省方法——通过学习者作文、日志和会话获取研究对象对其自身学习过程和学习行动的思考。研究过程末嵌入的量化方法起到对质化方法所得数据和结果的三角测量的作用，但处理得相对简单、弱化。这并不是此项研究的缺陷，而是基于研究者对其整体设计——行动研究的理解所作的处理。行动研究，从本质上说，是赖于背景的、不能泛论的；其背景性使统计分析不具备任何意义。这一点是值得我们很多研究者认真理解的。并不是统计分析得越多就越科学，更不是任何一个背景下、不管几个研究对象全都拿来量化。最重要的，国内不少学者认为行动研究本身是质的还是量的并不可知，取决于行动研究中采取了怎样的数据采集和分析方法。如果行动研究中以量化问卷为主要数据采集方法，那么行动研究就是一个量化的研究了。这种理解显现了这些人对行动研究本质的认识错误。行动研究的主观性、背景性和干预性决定了其质化主导的实质。不是主观的、背景的和干预的，就不是行动研究了。质化本质的行动研究中主打量化方法，或者弱化甚至忽视质化方法，违背行动研究的本质，只能体现研究者对整体研究策略和设计缺乏理解和认识。

2.1.2　案例研究

案例研究有不同的种类，就案例分析的意图而言，可以包括单一工具性个案研究、多重案例研究和内在个案研究。Polio & Zyzik（2009）的研究是一个多重案例研究，聚焦三个班级的西班牙语文学课堂，考察大学生和教师对西班牙语文学课背景下的语言学习的感知。这项研究兼具描述性案例研究和探究性案例研究的特点，提出的两个研究问题中一个意在描述教师和学生对文学课背景下语言学习的见解，一个旨在挖掘数据中浮现的问题，即发现教师和学生就基于内容的文学课堂上的语言学习的共同关切。Polio & Zyzik 的案例研究设计中使用了混合方法，其目的在于三角测量。这个设计中的三角测量的意义有两层：多种方法之间的三角测量，包括访谈、问卷、课堂观察和刺激性回忆；全体研究对象的角度之间的三角测量，包括教师的角度和学生的角度。研究的案例是美国一所州立研究型大学的三个西班牙语文学课堂；研究对象共涉及三个班级的65个学生及三位教师。三个班级、一个学期的数据通过多种方法获取，包括：1）学期初和学期末对教师的半结构式访谈：期初的访谈比较宽泛，只涉及教师的背景、课程目标及对学生能力的认识；期末的访谈除了涉及教师对课程的印象、对学生能力提高的感知以外，研究者将研究焦点加以明确，就语言和文学目标可以结合还是相互冲突征询教师的感受；2）学生的见解通过两份问卷获取：期初的问卷涉及学生的背景、自认的语言能力及对课程的预期。期末的问卷涉及学生对语言提高、学习收益和自我努力的感知。问卷包括封闭式问题（对听、说、读、写、词汇和语法能力的量级）和开放式问题；3）一系列的课堂观察：研究初期，研究者对每个课程作了2小时40分的非录像观察，意在获得课堂活动的总体印象，并使研究对象习惯研究者的存在。之后，进行三个录像的课堂观察；4）三个录像中的两个用于教师的刺激性回忆：刺激性回忆的意图是获取教师对课上聚焦语言的教学行为以及提示学生关注语言的课堂行为的反应。课堂录音和刺激性回忆录音均做誊本。

Polio & Zyzik 的研究设计体现了案例研究的典型特点，即数据广泛并涉及多重数据源。多重数据源的使用是案例研究必不可少的界定性特征。这一点在国内一些自称为案例研究的文章中却明显缺失。并不是研究对象少、只涉及一个班级或几个学生就是案例研究。研究者首先需要理解什么能够构成案例，同时必须理解案例研究这种研究传统的设计要求和设计特点。Polio & Zyzik 的数据分析也具有案例研究的明显特点，即开始是对案例的细致描写，而后是对主题的提炼；数据分析的过程显现出反复、循环的特质。例如，分析教师数据的过程中，研究者在访谈数据中首先聚焦学生语言技能水平、教师和学生的课程目标、教师对学生语言技能提高的感知这些提问的问题。之后，研究者从刺激性回忆数据中寻找上述话题；在此过程中发现了若干先前访谈中未涉及的问题，包括出国学习和词汇量等问题，而这些问题每位教师都在刺激性回忆中提到。发现这些新的问题后，研究者重新回到访谈数据和刺激性回忆数据中，这样数据分析的过程形成反复循环。Polio & Zyzik 的这个案例研究设计中，教师数据是主要数据，学生数据主要起到三角测量作用。学生问卷上的封闭式问题，即自我评级，是整体设计中的一个量化成分，进行推论统计分析。而问卷上的开放式问题获得的数据在分析过程中主要是寻找匹配、对应教师关切的那些问题，既包括研究者在教师访谈前预设的，也包括刺激性回忆中浮现的问题。分析过程中研究者发现学生数据中涉及的问题都在教师访谈和回忆中出现过，并未呈现新的问题。因而，此项设计中的学生数据，包括其中的量化成分，主要起到核对教师数据的三角测量作用。

2.1.3 人种志

Potowski（2004）考察了双向双语沉浸课堂中弱势语言的使用情况。研究的背景是在美国芝加哥的一所双向双语学校，这所学校有着西班牙语和英语同等重要的主张，但实际情况显现出英语是优势语言。研究的焦点置于五年级的一个课堂，如同学校的整体情况一样，西班牙语是这个课堂的少数语言（按照官方规定，五年级的课堂语言应当60%西班牙语、40%英语，而实际情况正相反）。从1月到10月，研究者对这所学校学前班到八年级的15个不同班级作了20次整日的课堂观察。10月，研究者开始每周几次到聚焦的一个西班牙语授课的课堂上作参与者观察并以笔记的形式记录语言使用以及能够显现学生对西班牙语、对教师、对彼此的态度的种种行为。课堂上，学生四、五人围坐，研究者与学生围坐一起，并定期更换组别。不仅如此，研究者还深入到运动馆、餐厅、休息场所以及英语授课的课堂上观察这些学生。到12月，研究者选定了四个焦点对象（两个一语为西班牙语，两个二语为西班牙语）。为获取西班牙语课堂上学生西语和英语的使用情况，研究者使用录音机配以摄像机跟踪研究对象，而且并没有把四个研究对象集中在一起，而是完全按照课堂的自然状态实录。由于学生每月更换一次座位，这种实录的方式涉及了大量的学生对话者，得到了丰富的数据。从12月到5月，研究者搜集了22节课53小时的数据。其间，研究者还录制了四个研究对象在两种英语课堂上的情况，以确认其对研究对象的观察，即他们在英语课上从不使用西语。从获得的语料中，研究者选择了12小时35分钟的数据（每个研究对象6.5-8.5小时数据），涉及五个月中16节两种西语课。语料的选择旨在寻求教师授课课堂和学生小组任务课堂之间的平衡。研究者特别强调，在数据采集过程中，学生的表现使研究者确信他们并没有受到研究者在场的影响，例如，他们像惯常一样该讲西语时讲英语，该做任务时不做，有时还讲脏话。这些表现增添了研究者获取自然课堂真实数据的信心。此外，研究者笔记补充了音像数据，为深入分析课堂互动提供了资料。

在呈现西语课堂上学生西语和英语的使用情况的同时，Potowski进一步挖掘学生语言使用的原因：通过开放式问卷了解学生对西语的态度，包括西语在个人生活、在芝加哥以及在学校的重要性的感知；通过阅读学生日记了解学生的西语使用情况；采用半结构式访谈探究学生学习和使用西班牙语的投入情况。研究者还访谈了每个研究对象的母亲，以了解研究对象的语言背景和家长的语言态度。在课堂数据采集的过程中，研究者还对西语授课教师作了两次访谈，以理解她的课堂决策，她对学生语言能力、参与和态度的评价，以及她对四个焦点研究对象的态度。所有这些不同的方法的使用，包括观察、访谈、日记、开放式问卷，形成了聚焦研究问题的多重视角。研究者观察、学生评论以及学生、教师和家长访谈等不同渠道的信息之间形成方法和数据的三角测量，使得研究者对研究背景和对象的解读具有说服力。不仅如此，研究者将研究报告交由家长、教师、学生和学校管理人员审读后修改，进一步提高了研究的有效性。

　　Potowski的整体研究策略是人种志研究，其研究设计体现了人种志研究的重要特点，包括：1）聚焦一个文化群体——一个西班牙语-英语双向沉浸课堂；2）研究者以参与者观察的方式长时间沉浸到该群体的日常生活当中，观察、采访群体的成员，获知其行为、语言和互动的意义；3）研究者采取的观察和访谈这两种主要的数据采集方法是一致公认的人种志研究最主流的数据采集形式；4）显现整体性——将一种行为置于其相关整体系统之中进行描述和解释，即将学生的课上语言输出置于其班级、年级、学校、家庭和社会等背景之中进行诠释；5）强调双层释义——从研究对象自身的角度去理解其语言学习的世界。研究既包含被研究者自身赋予其行为的释义，又包含研究者对被研究者所作解释的理解和分析。Potowski在他的人种志研究中嵌入了一个量化成分，而且这个量化成分置于研究设计之初，即对四个焦点研究对象课堂实录的语料进行量化分析，以知其西班牙语使用的数量。这个量化成分既确认了研究者通过观察获得的印象，又为研究的主体部分，即研究对象语言使用的成因分析起到了铺垫和证明的作用。质化和量化方法的结合使用使研究者能够呈现出双向双语课堂上学生语言输出的数量、模式和缘由，使研究更加多维、丰满和令人信服。

2.1.4　扎根理论

Morrison（2005）的研究旨在提供基于实证研究的理论框架，以评估语言自学中心这种语言学习和教学模式的有效性。研究聚焦学习增益这一概念，将其作为语言自学中心评价的核心元素。研究的具体目标包括：1）发现香港语言自学中心的界定性教学和体系特点；2）确立评估香港语言自学中心的依据、内容和方法；3）考察现有评估概念以帮助制定语言自学中心的评估框架；4）建立评估香港语言自学中心的理论框架；5）提出关于语言自学中心有效性评估未来研究内容的建议。Morrison在此实证研究的基础上形成了两个理论概念：一是语言自学中心理论，旨在为语言自学中心系统提供解释；二是语言自学中心评估理论框架。

Morrison的这项研究采用了扎根理论这一研究策略，其研究设计是一个嵌入式混合方法设计。采用扎根理论作为整体研究策略的首要原因是，文献中缺乏语言自学中心理论和模型。扎根理论的特点是由下而上生成理论——从数据中原创而系统地发现理论。也就是说，研究者采集、分析、解释相关数据，发现其中浮现的数据类属，从而提取出一个能够解释数据的、具有说服力的理论。Morrison采取理论取样策略，根据被研究者与研究目标的关联程度确定了16个研究对象，涵盖了语言自学中心的学习者、教师、技术支持人员以及语言自学中心研究人员等多种类型样本。数据来源包括半结构式访谈和访谈后电子邮件问卷。以访谈作为主要数据采集方法是扎根理论的典型特点。同时，扎根理论的访谈必须获得足够信息以充分形成理论。Morrison对16个理论样本（研究对象）所作的访谈的过程是反复式的、解释性的。访谈数据的分析过程是一个数据浓缩的过程，涉及反复注释、开放式编码、主轴式编码和多次核对等步骤，而这个数据浓缩的过程同时又是揭示和诠释概念和角度的过程。这些都体现了扎根理论研究的典型特征。

Morrison的扎根理论设计中嵌入了一个量化成分，即访谈后电邮问卷，其用意是明晰、确认和丰富之前的访谈数据；同时，李克特量表的使用也为整体研究设计提供了方法上的三角测量。也就是说，Morrison设计的这项扎根理论研究，并不像其他使用了混合方法的扎根理论往往做的那样，用一个量化成分去检验主方法所得出的实质层次理论，以确定其是否具有泛论性；而是将这个量化成分用来补充、核准扎根理论的主要数据采集方法——访谈所得的数据。值得注意的是，以一个量化成分去确定扎根理论研究得出的实质层次理论的泛论性的混合方法设计中，量化部分的样本必须是一个新的、更大的样本，才能考察推广程度。而Morrison所加入的这种量化成分，由于其目的主要在于补充、丰富访谈数据，因而并没有改变样本。

八、混合方法在语言教学研究中的应用[1]

"混合方法"通常指研究者在一项研究中将质化和量化元素结合运用的研究策略。社科研究中，混合方法有"第三次方法论运动"之称（Tashakkori & Teddlie，2010：ix），在越来越多的领域中使用，并已形成混合方法学界。在应用语言学领域，混合方法也正在成为一种潮流（Hashemi，2012）。

混合方法的迅速发展是在2003年以后，得益于该年出版的、产生了巨大影响的 *Handbook of Mixed Methods in Social & Behavioral Research*（简为Handbook）。至今，西方对混合方法的研究可归纳为四个主要部分：1）实质：从方法和方法论的不同视角讨论混合方法的含义；2）范式基础：出现实用主义、辩证观、范式与方法关联、领域信念等不同主张；3）研究设计：分析设计要素或维度，确立基本设计类型；4）应用：考察混合方法在不同学科和领域中的使用。

西方对混合方法的研究主要是在整体社科范畴下进行（Creswell，2010）。这种综合的、跨学科的理论探讨为这一新兴研究方法的身份确立和繁荣发展奠定了重要基础。但混合方法发展到今天，学科和领域的特性越来越受到重视。因为不同领域中，混合方法的使用有不同的特点，在方法如何结合、元推论如何创建等方面各不相同（Ivankova & Kawamura，2010）。研究方法学界的重要学者Creswell（2009；2010）指出，混合方法的研究趋势就在于这种以学科和领域

1　本章主体内容发表于《中国外语》2014年2期。

为基础的研究。他预测，综合的混合方法著作将成为过去，取而代之的将是以学科为基础的混合方法专著。

2010年的 *Handbook* 第二版已经表现出对混合方法在不同领域中的应用的关注。而这一研究趋势在2012年的 *Journal of Mixed Methods Research* 上更加明显，占据其全年的最大版面。目前，考察混合方法应用的研究已涉及到社会学、教育学、文化研究等方面。而应用语言学领域，最近的两项针对质化法的研究状况回顾（Richards，2009；Benson et al.，2009）中发现混合方法的使用值得重视，但未作专门研究。迄今，系统考察应用语言学中的混合方法的研究还未出现。

国内针对混合方法的研究与西方差距较大。在外语界，混合方法近几年开始引起关注：以往的外语教学研究方法著作中对混合方法的涉及非常有限，但近期文秋芳、韩少杰（2011）简要介绍了混合研究并提供了两种案例。期刊文献中，普通教育研究里出现了对混合方法的介绍和呼吁；外语教学研究里出现了有关混合方法的一些理论探讨（张培，2010，2011，2013a，2013b）。但整体上，相关研究仍十分有限。

1. 混合方法的研究设计

文献中出现得最早的有关混合方法设计方面的研究是Greene，Caracelli & Graham（1989）的研究。自那时以来，混合方法的设计类型成为领域中的一个研究热点，涌现出一系列设计框架。最近，学界出现了两种不同的观点：有些学者继续强调确立设计类型的必要性，而有些学者认为由于混合方法研究本身所特有的往复性，构建出所有的设计类型并不可能。但无论如何，混合方法设计类型研究的最大价值在于，它为混合方法实践者提供了若干切实可行的设计选择，并使其在这些设计基础之上继续发展。

混合方法设计类型的研究中，北美的学者尤为突出：2004年，Johnson & Onwuegbuzie（2004）提出九种基本设计类型，而其中主要的类型分别来自研究者的两项重要决策——量化和质化部分孰重孰

轻，以及量化和质化阶段同时还是先后进行。也就是说，在这九种
类型里，地位和时间是设计的主导因素。2007年，Creswell & Plano
Clark（2007）在研究文献中已有设计的基础上，将混合方法设计类
型概括为十种，包括核准式、嵌入式、解释式、探究式四种基本类
型及其变异。同一年，Greene（2007）提出，混合方法的设计不应
公式化而应强调目的性。她将混合方法的设计分为成分设计和结合
设计两种，前者当中混合仅发生在推论阶段，后者当中混合贯穿研
究的全部过程。而无论哪种设计都对应三角测量（triangulation）、补
充（complementarity）、启动（initation）、发展（development）和延
伸（expansion）等五个基本目标中的一个或几个。2010年，Teddlie &
Tashakkori（2010）总结出四大设计类型，包括同步设计、次序设计、
转换设计三种基本类型，以及全面混合这种复合、往复式类型，其中
可能涉及前三种基本类型的综合。而在前三种基本类型中，又以数据
源的种类为基础细分：多种样本（质化和量化数据采自不同的研究对
象或者彼此不关联）、同种样本（至少部分研究对象是质化和量化两
类数据的共同来源，质化和量化数据之间以某种形式相关联——包括
将某些数据转换为另一种数据类型，即质换量或量换质）和多层次样
本（质化和量化数据来自不同层次的研究对象，如质化资料采自家
长，量化数据采自学生，并在分析和推论过程中彼此关联）。这样，
每一大类又分别细化为三小类，形成3×3九种基本设计类型。而最
后一种全面混合类型是针对混合方法研究的往返性和突现性而设，可
以涉及九种基本类型中的多个形式。

Morse（2003，2010）的理论欲求说则为混合方法设计提供了另
一种思路。理论欲求（theoretical drive）指一项研究的总体方向，即
归纳（旨在发现）或者推理（旨在验证）。前者驱动质化研究，后者
要求量化研究。尽管研究者在研究过程中常常往返于归纳和推理之
间，但研究的总体方向或者总体思路是二者其中之一。可以认为，一
项单独研究其实都有这样一个理论欲求，或者说是首要欲求，它决定
着研究的总体目标。由于它的存在，混合方法中一定会有主方法和辅

方法的区分。正因如此，张培（2013a）提倡混合方法的简单式设计。

虽然混合方法设计研究中出现了上述不尽相同的若干类型和框架，但究其设计思想，可以发现一种贯穿几乎所有类型和框架的基本逻辑，或者说是搭建这些类型和框架的所谓"维度"——维度的差异造成了设计的不同。包括：

1）质、量有主有次还是地位平等？

2）质化和量化数据同时采集还是有先有后？

3）研究过程中混合发生在什么阶段——问题形成阶段、数据采集阶段、数据分析阶段还是数据解释阶段？

4）质、量结合的作用是什么——核准、解释还是其他？

（张培，2013a：91）

2. *Applied Linguistics*，*TESOL Quarterly*中的混合方法

尽管就混合方法的研究设计，学界提出了上述多种设计理论和设计类型，但在研究实践当中，研究者究竟怎样混合方法、如何在一项研究中将质化和量化元素结合使用？本章以 *Applied Linguistics* 和 *TESOL Quarterly* 2003-2012十年间发表的论文为研究资料，考察混合方法在语言教学研究中的应用。

2.1 方法

2.1.1 研究资料选择

本章是作者正在进行的国家社科基金项目研究的一部分。*Applied Linguistics* 和 *TESOL Quarterly* 分别是英美应用语言学/语言教学领域的重要期刊，刊载大量实证论文。以2003年为研究资料起始点的原因是 *Handbook* 第一版于当年出版，受其影响，混合方法在社科各领域迅速发展（Creswell，2010）。作者通读了两刊十年间的全部内容，

将研究范围限定在语言教与学的研究上，即狭义的而非广义的应用语言学研究。这一限定主要针对*Applied Linguistics*——虽然语言教学研究是其主体，但此刊也出现有例如医疗、法律、警务（*TESOL Quarterly*中也偶有出现）、广告等领域的语言应用研究，这些不列入本研究范畴之内。而在两刊的语言教学研究论文当中，进一步聚焦实证研究。理论研究不属于本研究范围；有的理论探讨，虽然其中出现一些例证或数据，但来自他人研究，不是原始数据，不在本研究之内。探讨研究方法的论文，以及以期刊论文为资料的综述论文，不在本研究范畴。此外，Forum 和 Brief Report 模块中的文章不作为本研究的对象；虽然 Brief Report 是实证研究，但由于较短，不利于对其研究设计和方法的考察。

2.1.2　量化、质化与混合的界定

量化研究与质化研究的区分主要以数据/资料的采集和分析为依据，这是因为：[Data collection and analysis] are arguably defining features of quantitative and qualitative research（Bryman，2006：101）。更加具体地说，量化与质化之间的分别可以简要描述为：

> The study is quantitative if it makes use of structured numerical data and statistical analysis techniques and qualitative if the argumentation is not based on numbers and calculations but on the substantial analysis of unstructured data.
>
> （Niglas，2010：220）

如果数据/资料的采集和分析是量化和质化研究的界定性特征，那么混合方法的界定以数据/资料为主要依据也就顺理成章。学界对混合方法的定义多种多样，主要可归纳为两种类型。一种是方法视角，另一种是方法论视角。前者强调数据采集、分析和解释的过程，后者则涉及从哲学观到具体步骤的研究过程的全部（Creswell，2010）。虽然本书作者对哲学观的混合持强烈怀疑态度，但对混合方

法的本质的探讨不是本章重点。由于本章的重点在于考察研究设计，以数据/资料为主要依据显然更加可行、更为恰当。也就是：A mixed methods study involves the collection or analysis of both quantitative and…qualitative data in a single study…（Creswell et al., 2003: 212）。

2.1.3 研究过程

本研究以内容分析为主要方法，详细考察每一篇研究资料。在对研究资料的内容分析中，既关注其方法和研究过程描述，又对照其呈现的具体数据及其分析。由于 *Applied Linguistics* 和 *TESOL Quarterly* 两刊十分强调实证研究的研究方法和过程的论述，每一篇论文都有较为详细和明确的研究设计和研究方法的呈现，这对于本研究十分有利。这一点与国内期刊论文有很大差别。

研究中，在两刊全部论文里首先确定语言教学实证论文的范围，在其基础上进一步确定混合方法研究。在混合方法研究当中，考察：研究风格/策略、数据采集和分析方法、质化和量化成分的主次、质化和量化数据的采集顺序、混合发生的阶段、混合的目的等问题。

3. 结果与讨论

3.1 混合方法研究总览

在两刊十年间共发表的314篇语言教学实证研究论文中，混合方法研究共74篇，约占实证研究的23.6%。其中，*Applied Linguistics* 上实证研究145篇，混合方法研究39篇（26.9%）；*TESOL Quarterly* 上实证研究169篇，混合方法研究35篇（20.7%）。*Applied Linguistics* 中，混合方法研究在实证研究中所占的年度份额超过30%的分别是在2004年（40%）、2005年（33.3%）、2006年（37.5%）、2007年（36.3%）和2012年（33.3%）。*TESOL Quarterly* 中，混合方法在实证研究中的年度比例在2003年、2009年和2011年超过30%，分别达到33.3%、33.3%和47.1%。Mixed Methods作为一个明确的概念第一次出现在 *Applied Linguistics* 是在2008年，第一次出现在 *TESOL Quarterly* 是

2009年。在此之前两刊中的混合方法研究虽然是质化和量化的结合，但却并没有明确使用"混合方法"这一称谓。相比整体社科领域，应用语言学界对"混合方法"这一概念的引入明显较晚。

两刊相比，*Applied Linguistics*上混合方法的年度比例起伏相对和缓，而*TESOL Quarterly*在2004-2008年间混合方法的年度份额一直较低，在20%以下。这或许与*TESOL Quarterly*在2003年Spring Issue上颁布的研究指南（Chapelle & Duff，2003）有关，这份指南明确了该刊量化研究和质化研究的规范，界限清晰，二分化明显。它对其后几年间*TESOL Quarterly*上的实证研究肯定具有重要影响，或许解释了2004-2008年间该刊量化和质化研究分界，而混合方法研究较少的现象。这一现象持续到2009年，*TESOL Quarterly*上首次出现了"混合方法"的概念，同年混合方法研究达到实证研究的33%，2011年更是达到47%。值得注意的是，2003年对于混合方法学界是一个重要的时间，*Handbook*第一版在当年出版，影响强烈，引起社科很多领域中混合方法的迅速发展。而同一年，应用语言学重要期刊*TESOL Quarterly*对于质化和量化两种研究方式的明确分隔一定程度上加深了分界，限制了结合，不利于混合方法在应用语言学研究中的发展。

3.2　研究风格/策略

两刊共发的74篇混合方法研究可以归于八种研究风格/策略，分别为语料库研究、调研、互动及语篇研究、实验、案例研究、纵向研究、内省方法和混合方法研究。前七种是应用语言学的传统研究策略，也就是说，在归于这七种类型的研究中，质化和量化成分的结合是发生在一个传统研究策略里的（而这一传统策略也是研究者明确指出的），即混合方法融入到了传统设计之中。而第八类"混合方法研究"包括两种情况，一是研究者没有明确整体设计的类型，而文章呈现的研究过程和方法不代表某一特定传统策略的典型特征，却显现了质化和量化成分的混合，因此在本章研究策略的分析层面上列入混合方法研究。二是研究者将整体研究设计明确为混合方法，而不是某一传统策略。有些研究者将自己的研究明确为a mixed-methods case study或者a mixed mode longitudinal study——在本章中，这样的情况都列入传统策略之中，即，归属到case study（案例研究）和 longitudinal study（纵向研究）当中；这些研究被理解为将混合方法融入到传统研究设计之中。这就是说，本章第八类当中的这些"混合方法研究"是指研究者在研究策略层面上将自己的研究明确定义为混合方法——且仅仅是混合方法，而非任何传统策略的研究。表4显现这八种类型在两刊中的分布：

表4. 使用了混合方法的八种研究风格/策略在两刊中的分布

	Applied Linguistics	*TESOL Quarterly*
语料库研究	16	7
互动及语篇研究	6	1
实验	5	2
案例研究	4	1
纵向研究	2	2
调研	1	10
内省方法	2	2
混合方法研究	3	10

在*Applied Linguistics*所发表的39篇混合方法中，以文本为中心的语料库研究和互动及语篇研究就有22篇，是该刊混合方法研究中的主要类型。这些研究多为单一数据源，混合都发生在数据分析阶段，混合程度不高。而在*TESOL Quarterly*发表的35篇混合方法中，调研和"混合方法研究"（即上述第八类）最多，共20篇。这两种类型以多重数据源为特点，混合发生在数据采集阶段，混合程度相对较高。就*TESOL Quarterly*本身而言，2003年的5篇混合方法中语料库占了

4篇；到2009年以后，使用混合方法的研究策略更加多样，混合程度
也有所提高。

3.3　融入到传统研究风格／策略之中的混合方法

3.3.1　语料库研究

语料库研究的数据种类单一，使用了混合方法的语料库研究都是
在数据分析层面上的量、质结合，从混合方法的研究设计角度来看，
混合程度较低。在两刊23个使用了混合方法的语料库研究中，8个以
量化为主，11个以质化为主，4个量、质基本持平。由于混合只发生
在数据分析阶段，混合方法的语料库研究中，量化和质化成分主次的
衡量以文章对分析的呈现为主要依据。量化主导的混合方法语料库研
究中，质化成为主要表现为解释、说明量化分析的结果。质化为主的
和量、质均衡的混合方法语料库研究中，往往是质化和量化的分析用
来回答不同的问题，例如量化分析解决发生率，质化分析解决功能。
也就是说，在这种研究中，质化分析是有着具体的、单独的研究问题
的，而不仅仅是例证、阐释量化分析的结果。无论量、质主次如何，
混合方法的语料库研究几乎无一例外地体现这种模式：量化分析作宏
观考察、质化分析作微观探究。Fung & Carter（2007：417）道破了混
合方法语料库研究的套路：a combination of quantitative and qualitative
methods, which ranges from a macro-investigation…to a micro-discourse
analytic examination…

3.3.2　调研

使用了混合方法的调研中，量化和质化成分的结合发生在数据采
集阶段，混合程度相对较高。从数据采集的角度分析两刊出现的11个
调研，可以发现，使用单一数据源的调研有6篇，使用多重数据源的
有5篇。数据源单一的混合方法调研研究都表现为同一种形式，即以
问卷为数据采集手段，问卷上包含封闭式和开放式两种类型的问题，
同时获得量化的和质化的数据。量化的数据进行量化的分析，质化的
数据进行质化的分析。从混合方法的设计上可以算是同步设计，混合

的目的往往在于补充。然而，这种单一数据源的研究究竟是否属于真正的混合方法研究，是一个争议问题（Bryman，2006）。本章视诸如此类的研究为混合方法，否则，应用语言学研究中的相当一部分，如语料库研究和语篇研究均与混合方法无缘。在5个使用了多重数据源的混合方法调研中，2个是三种数据源，3个是两种数据源；问卷和访谈是最多用的组合。从混合方法的设计上，全部都是次序设计，即数据采集有先有后。就混合的目的来说，有补充（如以小组访谈的数据帮助解释问卷的分析结果）和发展（如从问卷的分析结果中确定不同人选进行访谈）等。在这5个调研里，4个都是以量化手段为数据采集的先行手段，即混合方法的设计中首方法是量化方法；只有1个是始于较小样本的开放式问卷。

这11篇混合方法调研中量化和质化地位的主次之分，与上述语料库研究的标准不尽相同。由于这些调研是在数据采集阶段发生的混合，量化和质化地位之分应以整体设计而不是篇幅为主要依据。这11个调研当中，10个以量化为主，1个质化突出；首方法往往是主方法。量化成分的主导地位与调研这种研究策略本身的性质有关，如果没有足够大的样本和统计分析，就不是调研。在融入了质化成分的调研中，质化成分大多是辅助性质。

3.3.3　互动及语篇研究

与语料库研究相似，使用了混合方法的互动及语篇研究也是在数据分析层面上的混合，混合程度较低。与语料库研究不同的是，此类研究多为质化主导，未见量化为主的案例。这与不同研究风格/策略的研究传统有关。语料库研究尽管出现了混合方法的使用，并且有些混合方法中质化成分突出，但语料库研究的主流仍然是量化研究。而互动和语篇研究历来是应用语言学质化研究风格的代表（Richards，2009；Benson et al.，2009），质化传统明显。本章将互动研究（interactional studies）与语篇研究（discourse studies）归于一类，是因为：1）本研究的出发点并不是质化研究风格的区分，而是混合方法的分类；2）本研究中发现的互动和语篇研究都具有数据源单一

（如几篇作文，或几段课堂互动誊本为唯一数据）、以语篇分析或文本分析为主要分析方法等共同特点。在两刊共7个使用了混合方法的互动及语篇研究中，5个质化为主，2个质、量相对均衡。其中，2个质、量比较均衡的研究都是采用了宏观层面量化分析、微观层面质化分析的办法，类似语料库研究中的混合方法的套路。

3.3.4　实验

在两刊出现的7个使用了混合方法的实验研究中，4个属于单一数据源，混合发生在数据分析阶段；3个是多重数据源，混合发生在数据采集阶段。单一数据源的混合方法实验以听力测试或是任务录音为唯一数据，数据分析当中质化分析主要表现为例证量化分析结果，或者是在解决主要研究问题的同时专门回答一个"质化"的研究问题。多重数据源的混合方法实验都是在数据采集阶段的最后加入了一个质化方法，3个此类实验中，2个是加入了一个试后或任务后访谈，1个是加入了书面问答。而加入质化方法的目的，有的是为确定量化分析结果之外是否存在其他变量，有的是用来帮助解释统计分析的结果。这种多重数据源的混合方法实验相对于单一数据源来说，混合程度稍高；从设计角度，全部属于次序设计；主方法，即量化方法，一律都是首方法。

无论是多重数据源还是单一数据源，混合方法的实验研究全部呈现量化主导的特点，这与实验这种研究策略的本质直接相关。混合方法的实验中，质化成分是辅助的，甚至是微弱的。有的研究虽然表明使用了质化方法，但对质化元素的呈现极其有限。从混合的目的来看，有三角测量和补充的性质。

3.3.5　案例研究

5个使用了混合方法的案例研究中，4个是数据采集阶段的混合（包括3个次序设计和1个同步设计），1个是数据分析阶段的混合（以书面叙述为单一数据）。混合的目的主要包括三角测量和补充两种。

案例研究本身的数据采集方法丰富多样，在两刊使用了混合方法的案例研究中，除上述单一数据源的一例，其余都呈现出多种不同的数据采集方法，其中两例都使用了四种数据采集方法，分别是课堂观察+深度访谈+书面答问+刺激性回忆，和语言能力调查+自我感知调查+研究者笔记+访谈。

5个混合方法的案例研究中，3个质化为主，2个量化为主。后者中一个以书面叙述为单一数据、分析之中量、质混合，但质化作用微弱；作者将此研究自称为案例研究，主要原因可能是数据来自一个研究对象。另一个是一项长期参与者观察研究的一部分，仅就该部分而言，量化成分更为突出。案例研究作为一种质化传统，其混合方法的使用中却以量化为主，这个问题值得探讨，对此，本章后面"进一步讨论"中有所涉及。令人感兴趣的是，3个次序设计的混合方法案例研究都呈现出同一特点，即首方法不是主方法，这与混合方法设计的主流理论有点出入。这是否与案例研究的数据采集方法多样有关，是否可以成为混合方法案例研究的一个特点，也值得讨论。

3.3.6　纵向研究

混合方法的4个纵向研究都使用了多种数据采集方法，从混合方法的设计角度，都是数据采集阶段的混合，并且均为次序设计。这些研究呈现出以量化为主的特点（4篇中3个量化为主，1个量、质均匀）；混合的目的多为补充（4篇均以补充为混合目的，其中1篇兼有三角测量的意图）。

这些纵向研究都呈现出一个明确的主方法（往往是首方法），配以其他辅助方法。例如，以阶段性的测试为主要方法，辅以课堂观察和开放式问卷；以阶段性的写作成绩为主要数据，辅以访谈资料；以阶段性的口语任务样本为主要数据，辅以访谈信息。这些纵向研究的数据采集时间跨度少则两年，多达八年。

3.3.7　内省方法

4个使用了混合方法的内省方法研究中，3个都是数据分析阶段的混合，其中1个是以有声思维材料为单一数据。使用了多种数据采集方法的研究中，数据采集方法的组合方式不尽相同，有的是有声思维与紧接追溯报告的组合，有的是有声思维与刺激性回忆的组合，还有内省问卷、有声思维、即刻追溯问卷与任务后小组访谈的组合。在这些多重数据源的研究中，混合的目的以三角测量为主。

内省方法中量化和质化成分的主次之分是一个易引起争议的问题。如果以数据分析和对分析的呈现为依据，这4个混合方法的内省方法研究里1个是质化为主，1个是量化为主，2个量、质比较均衡。但内省方法的本质无疑是质化的，所谓the qualitative nature of the research methodology（Nassaji，2003：666）；取样策略和样本大小都不具备量化特点。如果整体研究策略的本质是质化的，数据分析中无论量化分析多少，整体研究仍然是质化主导的。这就意味着，以数据分析为依据判断量化和质化成分的主次不妥。同时，当整体研究策略的本质是质化的，数据分析却以量化为主的做法，值得讨论。

3.4　作为研究策略/风格的混合方法

13个以混合方法为研究策略的研究都分别使用了两种以上的数据采集方法，都属于数据采集阶段的混合。从设计角度来看，多为次序设计（11个），同步设计较少（2个）。从量化和质化成分的地位来看，量化为主居多（8个），质化为主和质、量相对均衡较少（分别为4个和1个）。质化为主和质、量均衡的研究都是次序设计，两个同步设计均量化为主。从混合的目的来看，补充最常见，其次是三角测量。这13个混合方法研究一共涉及了五大混合目的中的四个，即补充、三角测量、延伸和发展。从数据采集方法的次序来看，首方法为主方法是主流（11个），但有两例次序设计中首方法并非主方法，与案例研究中浮现出来的情况有相似之处。

在数据采集方法上，访谈是混合设计最多用的质化数据来源。在13个混合方法研究中，10个使用访谈获得质化数据。封闭式问卷则是量化数据的主要来源，13个混合方法研究中，有8个研究都使用了这种问卷。而质化访谈和量化问卷的组合表现为最多用的数据采集方法组合，出现在8个混合方法研究中，包括单纯的问卷-访谈组合以及多种数据采集方法组合之中的一部分。

有4例混合方法研究在方法论中对"混合方法"这种研究策略作了专门的、明确的和较为详细的阐述，分别是Borg（2009）、Hamid et al.（2009）、Chang（2010）和Razfar & Simon（2011）。其中，Hamid et al.（2009）阐明了混合方法的思想基础，即量、质的组合比任何其中之一都能带来对所研究之问题的更好的理解。他们重点讨论了混合方法的设计类型和设计要素，在此理论基础之上提出自己的研究设计。Chang（2010）着重阐述的是混合的目的。他明确指出其研究是量化主导的研究，但通过对语言学习者的访谈而获得的更加细致、具体的质化数据能够三角测量量化的调研数据，这样能够帮助研究者解释最初的量化分析结果，或以最初的量化结果为基础拓展研究。混合的目的就在于发现事物的不同方面，在此过程中研究者从一种方法获得的结果中寻找细节和例证，将其交织于另一种方法得出的结果。Razfar & Simon（2011）强调混合方法的优势，认为混合方法能够增加结果的有效性、能够提高分析的广度、有利于发现需要进一步深入探究的问题。

4. 进一步讨论

在以 *Applied Linguistics* 和 *TESOL Quarterly* 为代表的应用语言学研究中，混合方法的使用以融入到传统研究风格/策略中的方式为主，而将混合方法作为一种单独的研究策略的，在近十年的 *Applied Linguistics* 和 *TESOL Quarterly* 中仍然不多，仅出现了13例，其中明确提出"混合方法"概念并加以论述的只有6例。这表明在应用语言学领域，虽然质化和量化的结合并不少见，但相对于不少社科其他领域来说，混合方法的概念引入和身份确立不够明显。

在下列应用语言学传统研究风格/策略中出现了混合方法的融入使用：语料库研究、调研、互动及语篇研究、实验、案例研究、纵向研究和内省方法。调研和实验是有着突出的量化传统的研究策略，融入到调研和实验之中的混合方法多表现出量化主导、质化为辅的特点。而互动及语篇研究中的混合方法也大多体现了对互动和语篇的研究传统的尊重，混合中以质为主、以量为辅。融入到传统研究风格/策略之中的混合方法，是否应当尊敬整体研究策略的思想基础和研究原则，还是可以不受风格制约、自由混合，是一个值得探讨的问题。以案例研究为例，5个使用了混合方法的案例研究中，有2个都是量化为主。当然其中之一是一项纵向研究的一部分，不便讨论，但另一个是以书面叙述为单一数据、量化分析主导、质化作用甚微的"案例研究"。首先，多重数据源应当是案例研究的一个突出特点：

Case study research is a qualitative approach in which the investigator explores a bounded system（a case）or multiple bounded systems（cases）over time, through detailed, in-depth data collection involving *multiple sources of information…*

（Creswell，2007：73）

并不是说，当数据来源于一个研究对象时，这项研究就是案例研究。真正意义上的案例研究涉及多种数据采集方法。因此，这项自称为案例研究的研究是否是真正的案例研究，值得商榷。再有，案例研究是一种传统的质化研究策略（Creswell，1998；2007），有着与生俱来的思想和原则。虽然有些人认为案例研究完全可以以量化方法进行，但案例研究的方法论的本质是质化的，这种本质在它的取样策略中有明显体现。在案例研究这种质化本质的策略之下强化量化的（分析）方法而弱化质化方法，与整体研究的思路和导向不相符合。这样的混合，目的和意义是什么？以很小样本获得的数据却以统计分析为主，这样的研究有着怎样的研究意义？一项研究的研究设计应当取决于其理论欲求（Morse，2010）。质化和量化成分的混合不应是没有原则的混合，方法与其范式基础之间的相称性应当得到尊重（张培，2013a）。

在混合程度相对较高（即数据采集阶段的混合）的混合方法研究

中，次序设计表现为主流设计类型，同步设计较少；而混合的目的以补充和三角测量为主。这些混合方法的设计中，首方法为主方法是设计主流，但有些研究实例中，主方法并不是数据采集的先行方法。这样的设计值得探讨，本章作者主张首方法为主方法的混合设计（参见：张培，2013a）。

混合方法发展到今天，很多问题仍然没有定论。混合设计当中，质化和量化成分的主次之分就是一个难题。究竟以什么为依据区分主次？在数据源单一、混合只发生在数据分析阶段的混合设计中，量、质主次只能以篇幅，即文章呈现出来的数据分析内容为依据。而在数据采集方法上发生混合的设计当中，就不应以文章给予量化和质化成分的篇幅多少为根据，因为如果整体研究策略是质化的，即使文章呈现出的量化分析很多，仍然改变不了其质化主导的整体思路和研究本质。另外一个值得深入研究的问题，就是质化和量化成分如何真正地结合？如果混合设计当中，质化的数据进行质化的分析、量化的数据进行量化的分析，之后将各自结果对比，这种结合显然程度并不高。如何将质化和量化研究成果系统地结合起来、相互作用，本身是一个问题，同时涉及混合方法的质量标准问题，需要更多探讨。

九、混合方法与语言教师认知研究[1]

自 2003 年 *The Handbook of Mixed Methods in Social & Behavioural Research* 第一版问世以来，混合方法（Mixed Methods）的概念在社科研究领域真正确立起来。虽然量化和质化方法的结合使用已有时日，但混合方法作为一种独立存在的研究策略或者研究设计，以及混合方法学界的形成，与 *Handbook* 首版的推动效应密切相关。

在对西方应用语言学主流期刊十年间（2003-2012）发表的实证研究论文的研究中，我发现，虽然质化和量化方法的结合并不少，但明确使用混合方法（mixed methods 或 mixed-method 或 multimethods 等）这一称谓的很有限。相比其他社科领域，混合方法在应用语言学界的概念引入和确立较晚。在 *Applied Linguistics*，*TESOL Quarterly*，*Language Teaching Research* 和 *The Modern Lanugage Journal* 四刊当中，最早出现混合方法这一概念的是 *Language Teaching Research*，出现在 2004 年——Atay（2004）将其研究设计指明为 a mixed study design（2004：151）。*Applied Linguistics* 首次出现混合方法概念是在 2008 年，该年度呈现了两个明确为混合方法的实证研究，分别是 Caldas（2008）的 mixed-methods case study（2008：290）和 Derwing et al.（2008）的 longitudinal mixed-methods study（2008：359）。*TESOL Quarterly* 的首篇被定义为混合方法策略的研究出现在 2009 年，Hamid et al.（2009）将其研究明确为 a mixed-methods approach（2009：281）。四刊中混

1　本章主体内容发表于《中国外语》2015 年 5 期。

合方法概念出现最晚的是*The Modern Language Journal*——2012年，Nishino（2012）将其研究设计定义为a multimethods approach（2012：380）。

上述四刊2003-2012年十年间刊发的语言教学实证研究论文中，尽管结合了质化和量化方法或手段的研究有不少，但只有12篇为明确的混合方法，即研究者将其研究策略或研究设计定义为混合方法。而在这12个明确的混合方法研究中，6个是有关教师认知的研究。

1. 教师认知研究的起源

20世纪70年代是教育研究中教师地位发生改变的关键时期——教育研究中的主导范式，所谓过程-结果范式遭到质疑，研究者开始怀疑是否应该仅从行为角度去理解教学的复杂状态。在20世纪70年代之前，过程-结果范式极具影响力，它强调结果导向，以学习的结果考察教学，研究的重心是理解教师的行为如何导致或是不导致学生的学习。这种过程-结果式的研究中，教师的思想、教师行为中的思维过程明显缺失。在这种研究视角下，内容是不变的，教学的过程，如方法、活动、技巧被视为内容的包装；其导致的结果是，使教师教育成为掌握内容（对于语言教师来说，就是语言相关内容）和熟练课堂教学方法和手段两样事情。在20世纪70年代之前的研究中，教师被视为操作者——执行着他人的理念；课堂成为教师贯彻他人思想的场所（张培，2009）。

所谓过程-结果模式的研究旨在发现课堂上发生了什么，即可观察的教师和学生行为，并将其与学生的学习结果建立因果关联。这是20世纪70年代教学研究的主导模型。这种模型虽然能够承认影响教师课堂行为的若干可变因素，但完全忽视教师的认知过程在其教学行为中可能发生的作用。这种视域下，学习即教学的产品，教学即教师在课堂上的行为，教学研究的目的即发现有效的课堂行为并确立这些行为与学习结果之间的关联。

　　对于教学的这种认识开始受到质疑主要源于三个因素的影响：1）认知心理学的发展强调出思想对行为的影响，意味着对教学的理解需要对教师思想世界的解读，而不是仅仅聚焦可观察的行为；2）研究者越发认识到教师在塑造教育过程之中所扮演的积极的、核心的角色，这个角色远远超过之前学界的认识。这样，对于教师决策及其认知基础的考察开始成为研究的兴趣点；3）学界越发意识到，长期以来教学研究的主导范式——热衷可量化的教师行为和可泛论的有效教学存在着重要的缺陷，以更加整体化的、质化的方式考察教师工作和认知的研究开始出现。

　　教师认知作为一项研究传统的起始标志是1975年美国国家教育学院为确定教学研究计划而召开的一次会议（Borg，2006），会议报告指出：

> …it is obvious that what teachers do is directed in no small measure by what they think…To the extent that observed or intended teaching behaviour is "thoughtless", it makes no use of the human teacher's most unique attributes. In so doing, it becomes mechanical and might well be done by a machine. If, however, teaching is done and, in all likelihood, will continue to be done by human teachers, the question of relationships between thought and action becomes crucial.
>
> （National Institute of Education，1975：1；见于 Borg，2006：7）

　　这意味着，对于教师的理解需要从教师诠释其教学的心理过程入手，研究的重点需置于教师的认知过程。这种研究侧重标志着与当时学界关于教师和教学的主导性思想的背离。这种研究视角下，教学不再是单纯的行为，而是富有思想的行为；教师不再是外界理论的机械执行者，而是在教学过程中理解并处理多重信息的、积极的、思考的决策者。可以说，教师认知领域的早期思想是由北美学者塑建的。自那时以来，教师认知研究呈现出研究导向的变化，既涉及教学概念如何建构，也包括将研究焦点置于教师思想世界的原因。从早期对信息处理、课堂决策和教师有效性的关注到当今对理解教师知识及其发展和应用的重视，几十年间教师认知研究的重点和方向发生了变化。当今教师认知研究与教师教育密不可分。

教师认知研究确立了教师在塑造课堂事件中扮演的积极角色，凸显了课堂决策的复杂本质，为教师的信念和知识对其课堂行为的影响提供了依据，也同时表明教师的教学信念并不总能在实际工作中实现。教师认知研究还显示，这种行为与信念，即被观察到的教学行为与教师表白的教学信念之间的不符是受到教师对存在于学校和课堂的若干社会、心理和环境因素的感知的影响。由此形成共识，即对教师教学行为和认知的研究必须考虑这些背景因素。与此同时，教师认知研究彰显了教学经验对其认知的作用，显示了课堂经验对于教师实用知识的强烈影响，进而起到塑造其课堂行为的作用。

2. 语言教师认知研究的方法

Simon Borg 将语言教师认知研究使用的数据采集方法归为四类：自我报告法、口头陈释法、观察法和反思作文法（Borg，2006）。自我报告法包括问卷、案例评估任务、测试。问卷无疑是其中最重要、使用最广泛的数据采集方法，用来调查教师关于语言教学与学习的信念，既涉及整体意义上的语言教与学，也涉及阅读、语法等具体方面。例如，BALLI — Beliefs about Language Learning Inventory（Horwitz，1988），TBALQ — Teachers' Beliefs about Literacy Question-naire（Westwood et al.，1997）和 FLEQ — Foreign Language Education Questionnaire（Allen，2002）等问卷。语言教师认知研究中使用的问卷大多为李克特量表，有些虽未采用李克特量表，但目的都在于测量。至今，语言教师认知研究中问卷的使用仍十分明显，其优点在于帮助研究者方便、迅速、低耗地收集大量数据，研究者不需投入太多工作。但问卷数据在多大程度上能够真正捕捉教师精神世界的复杂实质，是一个显而易见的问题。从研究的有效性角度来看，存在明显局限。

口头陈释法，简言之，就是让教师谈自己的想法，是语言教师认知研究中重要而常用的方法。口头陈释法有多种不同的形式，但最主要、最根本的就是不同类型的访谈。访谈的不同类型可以依据结构的松紧而分。研究者对不同访谈类型的选择——从结构式访谈到非结构式访谈，遵守并体现其整体研究策略的方法论原则。解释性研究——或者质化研究中，访谈对象少、访谈有深度、研究者与受访者之间的互动尤为重要，这需要半结构式或非结构式访谈。而如果研究者需以高效的、标准化的方式从一大群研究对象中收集数据，显然结构式访谈更加合适。语言教师认知研究中使用的访谈包括结构式访谈、基于情境的访谈、个人构念积储格访谈、半结构式访谈、刺激性回忆访谈、有声思维记录等（Borg，2006）。口头陈释法的可贵在于能够帮助研究者探寻那不可观察、难以言传的教师思想世界的若干层面。尽管结构式访谈、情境访谈、个人构念积储格和有声思维对于我们理解语言教师所思、所知、所信、所为都有帮助，但半结构式访谈和刺激性回忆访谈在获取语言教师口头陈释上是最为常用的方法。

相对于其他几种数据采集方法，观察法是更有用、更有效的方法。这是因为，如果不考察课堂上实际发生了什么，语言教师认知的研究就没有什么真正的意义了。归根结底，我们真正的关切仍然是教师的行为，而不是与其所为毫不相干的所思。Simon Borg 在 2003 年的文献综述中就一针见血地指出：

Can language teacher cognition be usefully studied without reference to what happens in classrooms? Personally I am sceptical，though it is clear that where large numbers of teachers are being studied and/or ideal typologies are being developed， analyses solely of teachers' reported cognitions can provide a useful basis for further inquiry. Ultimately, though, we are interested in understanding teachers' professional actions, not what or how they think in isolation of what they do.

（Borg, 2003：105）

如访谈一样，观察也有多种不同的类型。从观察者角色（即研究者参与到研究背景中的程度）的角度，可分为完全参与者、作为观察者的参与者、作为参与者的观察者以及完全观察者等若干类型。从观察数据记录和分析的方式上，可分为结构式观察和非结构式观察。前者获得的数据进行量化分析，后者获得的数据往往质化分析。观察法带给研究者的是课堂上实际发生了什么，这正是观察法的宝贵之处，因为无论是自我报告法还是口头陈释法只能得到教师对其所为的陈述，并非其真正所为。

所谓反思作文法即教师以书面形式表达其对某些话题或某些经历的想法、信念和态度，通常包括日志、自传、回溯式描述和概念图等方法。反思作文法在教育研究，特别是教师教育研究中有悠久历史。在语言教师认知研究中，反思作文法与访谈、观察和自我报告法这些数据采集方法相比，使用较少。其中一个原因可能在于这种方法给研究对象带来额外的负担，使这种方法并不十分受欢迎，不便使用。因此，教师认知研究中使用该方法的大多是针对职前教师的研究，使这种写作任务成为其功课的一部分，不得不做。但以此获得的数据的有效性值得研究者推敲。例如，以教师职业发展为导向的反思式作文注重互动，鼓励作者与读者之间的分享以及后者给予前者的反馈，并使作者在此过程中受益。这些互动对教师反思式作文结果的影响不言而喻，因而如果将此作为教师认知的依据，需要仔细考虑。同样，如果这种反思式作文是作为教师教育课程的考核内容，这种背景下的产品作为教师认知的数据来使用，需要斟酌。尽管存在诸多挑战，反思式作文对于研究语言教师认知是有价值的，特别是对于理解教师一段时间内思想和行为的改变和发展具有意义。

　　上述多种不同的数据采集方法在语言教师认知研究中都有使用，包括问卷、测试和评估任务，以结构式、半结构式、构念积储格访谈获得的口头陈释，有声思维记录，结构式和非结构式观察，各种形式的叙事和反思式作文。其中，使用最为广泛的当属自我报告法、半结构式访谈和刺激性回忆访谈、非结构式观察（Borg，2006）。在使用最为广泛的这几种方法当中，自我报告法一般或主体上是量化的数据采集方法，半结构式访谈、刺激性回忆访谈和非结构式观察是较为典型的质化方法。

　　语言教师认知研究中出现的多种不同的方法既有各自的优势，也有各自的局限。用来研究教师认知的方法中，可以说，没有一种是完美无缺的。从研究有效性的角度，自我报告法有明显缺陷。首先，教师所选答案可能受到社会因素影响，如可能选择一种流行观点或者看上去正确的观点。其次，由于答案选项为简短答语，可能造成教师不能准确理解而选错答案。再有，在自我报告法，如最多用的李克特量表问卷中，选项内容是研究者制定的——也是研究者限定的，完全有可能无法全面覆盖研究对象的信念范畴。而且，研究对象在选择过程中可能只是选了在选项范围内相对认可的答案，而这答案并不一定反映其真实信念。正是因为自我报告法的这些方法局限，语言教师认知研究中不少研究者摒弃了这种纸笔测量式方法，认为它无法捕捉教师认知这一现象的复杂性。与此同时，以自我报告法对教师认知所做的理论测量并不能成为对实际教学的测量，因为基于问卷、案例评估任务和测试的数据只能构成教师自我表白的信念、知识和行为的记录，而不是真实的教学情境。可以说，自我报告法能够反映教师的理想，但并不能反映教学实际。因此，当我们有对真实课堂的关切的时候，自我报告法本身有严重局限，需要其他数据形式的补充，例如观察和访谈。

　　口头陈释法在语言教师认知研究中具有重要价值，因为它能够展现那些不宣、难察的教师思想世界的很多方面。口头陈释法的多种方法中，半结构式访谈和刺激性回忆访谈的作用尤为重要，使用最多。

特别是当研究者关切课堂上实际发生了什么，研究者对教师课堂行为的观察与教师自己的口头陈释之间的方法结合具有显而易见的价值。

不少学者认为，观察法相对于自我报告法和口头陈释法来说，是更好的方法，因为它能够提供真实课堂的数据，而自我报告和访谈只能捕捉教师对己行为的报告和描述。观察法的价值毋庸置疑，但是，单纯的观察，即独立使用的观察法，对于教师所思、所知和所信的研究来说，是不充分的，不足以完成研究课题，研究者可以从所观察到的现象中对教师认知进行推断，但这些推断是研究者的构想和判断，必须通过更多的数据源进行确认。例如，教师相同或者相似的教学行为可能出于并不相同的原因。研究者仅仅依据所观察到的教师行为对教师认知的判断并不可靠。正因如此，在教师认知研究中，观察不能作为单一数据形式，而要与访谈和/或自我报告数据结合。

教师认知研究中的每种方法都有优势，也都有缺陷；单凭任何一种方法都存在问题。这与教师认知这一现象的复杂本质密切相关。正因如此，语言教师认知研究为多种方法的结合提供了必要条件，为混合方法的使用提供了空间。

3. 语言教师认知研究的混合方法

Language Teaching Research 2003-2012年间刊发的所有实证研究论文中，将研究设计或研究方法明确为混合方法的论文共4篇，而这4篇均为教师认知研究。这4个研究分别是：Collaborative dialogue with student teachers as a follow-up to teacher in-service education and training（Atay，2004），"Nowadays teachers are relatively obedient"：Understanding primary school English teachers' conceptions of and drives for research in China（Gao et al.，2010），Pre-service teacher beliefs about language learning：The second language acquisition course as an agent for change（Busch，2010）和 Mathematics and science teachers' beliefs and practices regarding the teaching of language in content learning

（Tan，2011）。从数据源的角度来看，这4个研究中有2个使用两种数据源，包括Atay（2004）的半结构式访谈与结构式课堂观察两类数据的组合，以及Busch（2010）的问卷调查与书面解释两类数据的组合。1个是三种数据源——Gao et al.（2010）在研究设计中使用含有封闭式和敞开式问题的问卷以及焦点小组访谈，形成情境判断、书面评论和访谈三种数据的组合。1个是五种数据源——Tan（2011）的研究设计涉及问卷调查、半结构式访谈、课堂观察、实地笔记和非正式交谈等多种数据源。总体上，在*Language Teaching Research*刊发的明确为混合方法的语言教师认知研究中，问卷和访谈是最常用的数据采集方法，其次是课堂观察。在质化和量化数据的组合上，呈现出问卷-访谈、问卷-访谈-观察、访谈-量化观察、问卷-书面报告等形式。

　　四刊中另外两个表明使用了混合方法的教师认知研究分别是发表于*Applied Linguistics*的English language teachers' conceptions of research（Borg，2009）和发表于*The Modern Language Journal*的Modeling teacher beliefs and practices in context：A multimethods approach（Nishino，2012）。前者使用问卷、问卷后书面跟踪和访谈的数据组合；后者采用问卷调查、课堂观察和半结构访谈的组合形式。

　　不难看出，在使用了混合方法的语言教师认知研究中，问卷是量化数据的主要来源。在上述发表于不同期刊的6个混合方法设计中，5个涉及了问卷，4个涉及问卷与访谈的结合，使得问卷与不同形式的访谈的结合成为语言教师认知研究中混合方法设计里的最多用的量、质组合形式。下文集中讨论以问卷和访谈为主要数据源的三个不同的设计案例，分别是Borg（2009）、Gao et al.（2010）和Nishino（2012）。

　　Borg（2009）考察的是13个国家505位英语教师对研究的认知，通过对问卷、问卷后书面跟踪和访谈数据的分析，了解教师认为什么是研究、读不读研究成果、做不做研究及其原因。Borg的研究设计采用了混合方法设计类型中的解释次序式设计（Creswell & Plano Clark，2011）。这种设计以量化和质化两种不同的研究阶段的相互作用和先行的量化方法在研究中的主导地位为主要特点。解释次序式设计中，量化数据的采集和分析发生在前，并在与质化成分的地位对比中占据优势。量化研究阶段之后是第二阶段质化资料的采集和分析，而质化阶段的设计是跟随量化研究阶段的结果，主要用于解释第一阶段的量化分析结果。Borg的研究中，第一阶段是一个调研阶段，使用问卷获取量化数据。第一阶段中的一个子样本用于第二阶段的数据采集，即通过更加深入的质化方法——书面跟踪和访谈来挖掘、解释该样本的问卷答案。

　　Borg设计的问卷聚焦问卷对象对研究的定义、对高质量研究所具备的特点的认识、对所在院校的研究文化的感知、对现有研究成果的了解和使用、参与和从事研究的状况以及个人背景信息。Borg的这份问卷中涉及的主题源自其对相关文献的回顾和分析，在使用之前以21位英语教师为对象作了工具试验，并依据试验结果对问卷的长度、措辞和结构安排作了修订。问卷阶段的样本是一个非随机样本——这是因为，研究者这一研究阶段的主要目的在于获取一个相对宽泛的视角，而不是严格的泛论性。研究者通过个人关系辗转邀请到来自13个国家的505位英语教学一线教师参加问卷，以此获得的数据进行统计分析。

　　问卷的局限性在有关教师认知的研究中，尤为明显。Borg在问卷的基础之上增加使用质化方法，正是出于对量化工具局限性的清晰认识。第一阶段的样本中部分教师自愿加入到第二阶段的研究，最终22位教师完成电子邮件跟踪，另外12位教师参加了访谈。在面对面访谈中，研究者要求教师拓展其问卷的答案。虽然访谈中涉及的问题与问卷内容的顺序保持一致，但给予了教师和研究者之间灵活互动的空间，使研究者有机会深入探究互动中浮现出的问题。质化资料的分析始于将受访者话语对接问卷中的相关主题，这些主题即分析类属。基于这些类属将访谈誊本编码，又形成若干子类属。最终，质化资料分析结出的类属和子类属用以解释量化阶段的研究结果，例如，用教师访谈中提供的例证来详释问卷中的相关主题。这样，通过混合方法的使用，研究者既能够知晓，多少教师认为客观性是研究的一个重要特点，又能够了解这个所谓客观性对教师来说意味着什么，以及它为什么重要。混合方法的运用，使研究者能够就关注的问题取得更加细致、深入而准确的理解。

Gao et al.（2010）采用混合方法考察了中国广东省一组小学英语教师参与科研的情况，聚焦其对研究的认知及其如何从事研究、为什么从事研究。不难看出，这项研究是受到Borg（2009）的启发，研究所用的问卷也基于Borg（2009）。但Gao et al.的整体设计与Borg不同，是一个质化主导的混合方法设计。

Borg（2009）的研究设计里调查问卷是首要方法，在研究中至关重要。质化方法的加入一定程度上弥补了问卷的局限性，但改变不了量化方法在整体研究中的主导地位和对研究结果的决定作用。尽管Borg设计的问卷是基于对已有教师认知文献的回顾，但如前文对自我报告法的讨论中所提到的，问卷数据在教师认知研究上的局限性是显见的。问卷的风险之一可能在于，诱使研究对象将其个人对所谓研究的信念和构想与问卷内容上呈现出的学界主流观点相比较，造成明显的方法偏见。正因如此，Gao et al.（2010）的研究设计中所使用的问卷加入了开放式问题，要求研究对象不论如何定义研究，都要描述自己的学校背景和研究经历。研究者的构想在于，研究对象的不同经历对于他们的研究认知具有影响。与此同时，不论研究对象如何定义研究，他们对自己研究经历的描写可以帮助研究者判断其在多大程度上参与了研究活动，而不是仅凭研究对象自我报告的参与程度。

Gao et al.的这项以33位小学英语教师为对象的研究使用了三种数据源：问卷上10个研究情境评级产生的量化数据、问卷上开放式评论形成的质化数据、焦点小组访谈产生的质化数据。其中，焦点小组访谈是在分析了问卷的量化和质化数据基础上进行的，访谈对象的选择基于问卷数据的分析结果，是一个目的性取样。这一点与Borg（2009）的访谈对象选择有所不同，后者在质化研究阶段使用随机样本，不符合以理论欲求为基础的设计要求，不是我提倡的混合方法设计。Gao et al.对10位访谈对象共进行了4次访谈，每2-3人一组，每次至少一个半小时。访谈中，研究对象就其问卷上的回答作深入详解。由于初次访谈使研究者发现，研究对象中有很多确有研究经历，这使得研究者在后续的访谈中能够继续跟踪研究对象参与研究程度的成因，鼓励研究对象在访谈中分享其研究经历的细节和背景。访谈的誊本译成英文，这样三个研究者都能够参与分析过程之中，形成不同研究者对相同数据的解读，提高了分析质量。最重要的是，质化数据，特别是访谈数据的分析在 Gao et al.的这项研究中占据明显优势，使整体研究成为质化为主的混合方法设计。这是由此项研究的一个重要目的决定的，即获得这组教师研究经历的背景性理解。因此，在数据分析过程中，研究者特别关注研究对象涉及的背景条件以及他们的研究概念。质化分析过程中，在背景和概念两个主题之间浮现出相互作用的关联，成为研究的一个重要结果。

Gao et al.的这项混合方法设计并不是一个典型的混合设计类型。这项研究在调研问卷阶段，是一个同步设计——量化和质化数据同时采集。而后进行的焦点小组访谈，相对于第一阶段的调研问卷来说，又是一个次序设计。就整体研究所呈现的内容来说，后行的方法——质化的访谈是整体设计中的主方法。在本书前面的理论探讨中，我提到这并不是我提倡的设计。我认为，混合方法中，首方法应该是主方法。像 Gao et al.的研究所呈现的这样，将访谈部分的研究作为整体研究的绝对重点，那么这些访谈对象在受访之前先完成一份问卷上的量化评级的意义何在呢？除了使这些访谈对象了解了学界相关主流观点，可能对其自身认知产生诱导或者束缚之外，能起到什么积极作用？质化的主方法先行的探究次序式设计对于此类研究来说，或许是更好的混合方法设计。

Nishino（2012）使用混合方法考察日本高中英语教师的教学信念、教学有效性感知、学习经历、教师培训经历以及背景因素如何影响他们的课堂教学。这个混合设计以量化方法为主导，因为研究的主要目的在于测验 Nishino 基于文献中已有的教师认知概念框架而提出的路线模型。两个研究问题决定了该项混合方法设计的特点，即量化主导、次序设计、主方法先行：

1）Does the combination of six factors（Teacher Beliefs about CLT, Perceived Teaching Efficacy, Learning Experiences, Pre-Service Teacher Training, In-Service Teacher Training, and Contextual Factors）influence Japanese high school teachers' CLT classroom practices as hypothesised by the path model? If so, how?

2）Do qualitative data help explain the results of the path analysis? If so, how?

（Nishino, 2012：383）

在这个研究设计中，调研问卷是主方法，对象为随机抽取的139位高中英语教师。辅方法为访谈和课堂观察，使用标准取样法选择了4位教师作为访谈和观察对象。问卷是基于文献中已有的研究而设计，内容全部为封闭式问题，并在正式使用之前进行了两次测试。课堂观察涉及每位教师三个50分钟的课程并全程录像，辅以研究者笔记。课堂观察之后，对每位教师进行了40-60分钟的半结构式访谈，并作录音和誊本。访谈主要涉及教师的学习经历、职业历史、语言教学信念、教学背景和课业过程等问题。对问卷数据的量化分析用来回答第一个研究问题，而量化分析的结果使研究者能够在质化研究阶段提出具体而有针对性的一系列问题，包括：（a）How did student-related communicative conditions influence classroom practices?（b）Why did positive CLT beliefs have only a weak indirect impact on classroom practices?（c）Did learning experiences actually have little impact on classroom practices?（d）How did exam-related expectations affect classroom practices?（Nishino, 2012：390）可以看出，在研究设计之初，研究者提出的是一个相对笼统的质化研究问题。而在实际研究过程中，由于第一阶段量化研究结果的出现，使得研究者能够进一步制定更加明确、更有针对性的质化的研究问题。这是解释次序式混合方法设计的一个重要特点。在这种设计中，混合发生的阶段正是量化结果出现以后、质化阶段实施之前。在这个阶段，研究者确定出需要进一步进行解释的那些量化结果，并用这些结果指引质化成分的形成，包括制定质化的研究问题、进行目的性取样、确定质化资料采集方法以跟踪那些需要解释的量化结果。也就是说，这种混合方法设计的突出特点就是质化阶段取决于之前的量化结果。

4. 结语

语言教学实证研究中，教师认知研究表现为较多使用混合方法的研究领域。究其方法原因，教师认知研究有着多种不同的方法可能，包括自我报告法、口头陈释法、观察法、反思作文法等，但由于教师认知这一现象的复杂本质，使得每一种用来研究这一现象的方法都存在缺陷——单凭任何一种方法都有问题。可以说，语言教师认知研究对多种方法的结合提出了需要，为混合方法的使用提供了空间。对文献中近几年出现的语言教师认知研究的混合方法设计的案例分析显示，混合方法的使用为研究者带来了关于研究问题的更加细致、深入而准确的理解；同时也发现混合方法设计中的若干值得更进一步思考和探讨的问题，包括量化方法作为教师认知研究混合设计中的主方法是否合适、混合方法中的首方法作为主方法的必要性，以及解释次序式设计中量化阶段的结果对于其后质化成分的塑造和影响。

十、纵向研究的混合方法设计

纵向研究，指研究者在较长一段时间内多次采集、分析数据的一种研究策略。纵向研究的混合方法设计，是指研究者在纵向研究中将质化和量化方法结合使用的研究设计。这种研究设计是近年来教育研究、社会研究和健康科学研究中出现的不断增多的混合方法复杂设计中的一类。虽然关于混合方法设计的讨论一直是混合方法学界的重点，但至今混合方法的文献主要集中在横向研究上，而对纵向研究的涉及很有限，目前只有 Van Ness et al.（2011）聚焦临床生物医学研究中的纵向混合方法和 Plano Clark et al.（2014）针对健康科学研究中的纵向混合设计的讨论。本章以 *Applied Linguistics, TESOL Quarterly, The Modern Language Journal* 和 *Language Teaching Research* 为研究资料，考察语言教学实证研究中纵向研究的混合方法设计。

1. *Applied Linguistics, TESOL Quarterly, The Modern Language Journal* 和 *Language Teaching Research* 中的混合方法研究

如本书中一直使用的混合方法的概念一样，这里所说的混合方法是将"混合方法"视为方法，或者说，聚焦方法，即以质化和量化数据的采集、分析和结合为界定性特点：

…mixed methods research [is] research that involves collecting，

analysing, and integrating quantitative data and qualitative data
within a single study or multiple phases of a program of research.

(Plano Clark et al., 2014: 3)

Applied Linguistics, *TESOL Quarterly*, *The Modern Language
Journal*和 *Language Teaching Research*四刊2003-2012年间共发表的
693篇语言教学实证研究论文中，使用了混合方法的有173篇，约占
实证研究的25%。这些使用了混合方法的实证研究中，少数是研究者
在文章中明确指出了混合方法的概念，大多数情况是研究者虽未指明
混合方法的概念，但其研究中既有量化数据也有质化材料。这些混合
方法研究中，有7项研究是使用了混合方法的纵向研究，相比教育研
究、社会研究等其他领域，明显数量不多。或许正因如此，纵向混合
方法设计更值得应用语言学界关注。

2. *Applied Linguistics*, *TESOL Quarterly*, *The Modern Language Journal* 和 *Language Teaching Research*中的纵向混合方法设计

本章对语言教学研究中纵向混合方法设计的分析和描述基于三个
主要维度：关联、顺序、混合。即，本章试图以这三个主要维度来区
分语言教学研究中出现的纵向混合方法，将其归纳为不同设计类型。
所谓关联，是指采集量化和质化数据的时间点的配合。所谓顺序，是
指量化和质化成分出现的先后。所谓混合，是指量化和质化成分结
合的时间和方式。在这三个主要维度的基础上，*Applied Linguistics*,
TESOL Quarterly, *The Modern Language Journal*和 *Language Teaching
Research*中的纵向混合方法研究表现为如下几种设计类型：

2.1 回顾式纵向混合方法设计

与 Van Ness et al.（2011）和 Plano Clark et al.（2014）分别对临床

生物医学研究和健康科学研究所作的方法研究发现的一样，语言教学研究中也出现了回顾式纵向混合方法设计。这种设计中，质化数据采集一次，且发生在量化数据采集的最后一个时间点上。Derwing et al.（2008）的"A longitudinal study of ESL learners' fluency and comprehensibility development"和Chen（2008）的"Learning to self-assess oral performance in English：A longitudinal case study"都属于这种设计，前者更为典型。

Derwing et al.（2008）的研究比较了两组（每组16人，分别为汉语背景和斯拉夫语背景）成年英语学习者的口语流利度。话语样本的采集历时两年，研究对象的数据分三次采集，其流利度和理解力由33个英语母语者评判，并在最后一次数据采集期间作了个人访谈。这项研究的方法上的混合主要在于对二语学习者理解力和流利度的量化评估和对学习者英语学习经历的质化探究。其混合设计属于回顾式纵向同步设计，即质化的数据采集一次，且发生在三次量化数据采集的最后一次与其同时进行。

Van Ness et al.（2011）和Plano Clark et al.（2014）发现的回顾式纵向混合方法设计中，量化和质化数据的结合往往发生在分析和/或释义阶段，例如用质化结果证实量化结果或者以量化结果来质化描绘某些经历和判断。但在Derwing et al.（2008）的研究中，量化数据和分析用来回答三个研究问题的前两个，质化数据和分析回答三个研究问题中的最后一个。量化和质化成分之间的互动和结合并不明显，量、质相对分离。

2.2　全面纵向混合方法设计

语言教学研究中同样出现了Van Ness et al.（2011）和Plano Clark et al.（2014）在其各自研究领域中发现的全面纵向混合方法设计。这种设计的重要特征是在多个时间点上多次采集量化和质化数据。Collins & White（2011）的"An intensive look at intensity and language learning"属于这种设计。

  Collins & White（2011）的研究设计中，量化和质化数据的关联同时具有一对一和多对一的特点——四次纵向测试与四次课堂观察一一对应；而四次纵向测试中的最后一次，又与唯一一次开放式问卷对应。这项研究考察不同的教学时间分配对少年英语学习者英语习得的影响，跟踪了230个11-12岁学生参加的两个不同版本的英语强化课程——一个课程中400个课时集中于5个月的时间；另一个课程中400个课时分布在整个学年的10个月中。研究过程中两种不同背景下的学生语言发展通过测试手段进行四次比较。在课程之初，所有11个班的学生参加了前测。课程过程中，两种不同课程设置的学生分别在其课程的第100课时、200课时、300课时和400课时参加语言能力纵向测试。其间，研究者对5个月课程的两个班和10个月课程的两个班进行整日观察，四次观察分别发生在四次测试周中。并且，在最后一次测试时，对教师和学生进行了开放式问题问卷。这样，测试形成量化数据，观察和开放式问题问卷是质化数据的来源。如同多数混合方法的纵向研究一样，Collins & White的这项研究是量化主导的混合方法，其中质化方法的主要作用是确认和解释。由于研究的一个主要目的在于对比两种不同课时分配的课程背景下学生的语言发展，研究使用的主要质化方法——课堂观察和教师开放式问题问卷的主要目的在于确定两种课程中教学方法的相似性。这是因为，教师作用是此项研究中的一个顾虑因素，缓解教师作用的影响是提升研究有效性的一个重要考虑，正如研究者坦承的：

All students were pretested at the beginning of their intensive ESL program to establish that they had similar knowledge of English. They were tested four more times at 100-hour intervals during their respective programs: after 100, 200, 300, and 400 hours of instruction... Language proficiency tests included measures of oral and written production and of aural and written comprehension. In addition, although we had carefully selected

the participating teachers and groups so that they were as similar
as possible with respect to the points mentioned above（including
students' level of English，total instructional time，curriculum，
and language teaching approach）and had included several groups
from each condition to mitigate teacher effects，we know as
experienced language teachers ourselves that teachers and classes
can differ from each other in ways that cannot all be controlled for
in classroom-based research.

（Collins & White，2011：112）

正是因为基于课堂的研究可变因素难于控制，研究者通过质化方法的使用以识别在被比较的两组当中，教学方法是否对被比较双方之间的不同具有影响、是否对结果释义有重要作用。正是由于这种设计考虑，比起前面 Derwing et al.（2008）的研究，Collins & White 的这项混合方法研究中，量化和质化成分之间的互动，即量化和质化数据在分析和释义上的结合有了更好的体现。

2.3　多题/多层式纵向混合方法设计

Taguchi（2011）的 Pragmatic development as a dynamic，complex process：General patterns and case histories 在设计特点上与 Plano Clark et al.（2014）在健康科学研究中发现的一种纵向混合设计有些相似，但不尽相同，可以认为是语言教学研究中纵向混合设计有别于其他领域的案例。

Taguchi（2011）研究了日本一个沉浸式背景中学习英语的48个大学生。这些学生在一个学年当中完成三次口语任务，每次任务在两种不同类型的情境中进行。其中的一部分学生参加访谈，形成质化数据。这48名学生是日本一所文科院校学习学术英语的一年级学生，参加访谈的是其中12个学生。由于研究的目的在于挖掘学习结果的个体不同的成因，在这12个访谈对象的选择上使用了最大化差异取样。量

化数据的来源是计算机口语语篇测试（含有指示性和表述性两类言语活动），考查学生语用能力的变化。四个英语母语者从准确性和流利性两方面对学生的言语活动进行五分计量评价。三次测试分别在一个学年中的4月、7月和12月进行。半结构式访谈也进行了三次，但时间安排并未与测试对应，而是在第二学期每隔五周进行。此外，在一学年中，研究者还观察了60节课并做了课堂活动记录、获得了17个学生的学习日志、对11名教师分别进行了两次至六次访谈。这样，此项研究的质化数据实际包括四种类型——学生访谈、课堂观察笔记、学生学习日志和教师访谈。由于质化元素丰富，质化分析翔实且篇幅较大，这项研究从量、质地位对比的角度来看，形成至少量、质均衡——乃至质化成分占优的局势。这在使用混合方法的纵向研究中并不多见。

Taguchi（2011）的这项研究明确指出了两个研究问题：一是语用发展的模式和速度，二是个体差异和学习背景对语用发展过程的影响。前者是一个明显的量化问题，后者带有较强的质化色彩。纵向测试的数据进行量化分析，回答第一个研究问题。四种质化数据，包括学生和教师访谈、课堂观察和日志之间形成数据的三角测量，质化分析的结果用来解释第二个研究问题。研究者还特别使用案例分析的方法，以两个较为典型的案例历史展现学习者的目标语言接触和经历如何影响学习结果的个体差异。质化研究的典型程度和深入程度很高，质化成分的分量很足，在这项混合了质化和量化方法的整体研究中，形成相对优势。就整体混合方法设计而言，质化和量化成分之间的互动并不明显。量化的数据和分析揭示语用发展的整体模式和速率，质化的数据和分析揭示出个体差异与目标语言接触和经历的密切关系。也就是说，量化研究是整体研究的一个方面，质化研究是另一个方面，各自解决各自问题，结合在一起将整体研究带到一个更加全面而深入的层次。

Taguchi（2011）的这项研究中，方法的三角测量并没有发生在量化方法和质化方法之间，而是在多种质化方法之间，加上质化部分的取样也采用了质化研究的典型取样策略，使得这项研究的质化部分做得很有品质。

　　纵向研究，从传统意义上说，以量化研究为主流。使用混合方法的纵向研究，也是量化方法主导的为主流，质化方法往往起辅助作用。作为语言教学研究中纵向混合方法设计的一个突出案例，Taguchi（2011）的研究设计，一定程度上，为我们呈现了纵向研究的一个清新地带——一个质化成分丰富、质化元素多样、质化程度很高、质化研究很有品质的清新地带。

2.4　准回顾式纵向混合方法设计

　　语言教学研究中出现了一种独特的纵向混合设计，是 Van Ness et al.（2011）和 Plano Clark et al.（2014）的已有研究中并未出现的。本书将这种设计称为准回顾式纵向混合方法设计，因为它与回顾式纵向混合方法设计有相近之处，都是质化数据采集一次且发生在研究后期。但与之不同的是，这种设计中质化数据的采集并未发生在多次量化数据采集的最后一个时间点上，而是在完成量化数据采集一段时间后发生，成为一种后续的数据采集。

　　Sasaki（2011）的 Effects of varying lengths of study-abroad experiences on Japanese EFL students' L2 writing ability and motivation：A longitudinal study 和 Razfar & Simon（2011）的 Course-taking patterns of Latino ESL students：mobility and mainstreaming in urban community colleges in the United States 都属于这种设计类型。两项研究的共同特点在于，都是量化主导的混合方法。量化数据多次采集，量化数据采集结束一段时间后，加入一个质化方法（前者是个人访谈、后者是焦点小组访谈）。质化成分的加入是为了解释、充实量化分析的结果，而并非单独用来回答一个研究问题，这就意味着，量化和质化成分的结合发生在分析和释义阶段。

2.5　人种志式纵向混合方法设计

　　这是在 Van Ness et al.（2011）和 Plano Clark et al.（2014）的已

有研究中未曾出现过的纵向混合方法设计。Vickers（2007）的研究 "Second language socialisation through team interaction among electrical and computer engineering students" 体现了人种志的研究思想、研究原则和研究手段，是一个纵向的人种志研究——a longitudinal, ethnographic study（Vickers，2007：621）。这项研究考察围绕二语社会化的互动过程，聚焦团队的互动。数据采集发生在美国一所大学的电子和计算机工程系，主要围绕该系的一个课程，这个课程要求学生在一学年内通过团队合作完成一项设计。研究者认为，理解团队的互动，首先需要对该系、该课程进行充分、深入了解。研究者将该系视为一个有着交际准则的言语群体，其中的交际是多层次的。研究者通过与该课程专业人员的长期深入交谈来熟悉、理解这个言语群体；通过长期观察课堂、收集课程文件、参加该系的评估委员会会议和讨论等方式深入生活，沉浸到被研究的群体中去。这些，都体现了人种志研究的思想，具有较为典型的人种志特征。

Vickers（2007）汇报了所考察的七个团队中的一个的具体情况。这是一个六人团队。从2002年9月到2003年3月间，研究者对这个团队的会议进行了七次考察，前两次做实地笔记，之后两次做录音，最后三次录像、录音。学年末，研究者邀请三位研究对象对两次团队会议的录像作回顾访谈。每个研究对象观看同样的内容，发现成功和不成功的交际时自主停放。回顾访谈的过程全程录音。这样，Vickers（2007）的这项研究的数据源主要是：七次团队会议的录音录像和笔记数据，以及三个单独回放访谈的录音资料。全部数据的采集跨时一个学年。这项研究设计中，混合方法的意义在于数据分析，即混合发生在数据分析阶段。研究者在分析团队会议数据时，以量化方法为辅助，主要表现为对团队核心成员和次要成员的技术内容问题、技术内容解释话语以及顺序使用进行频次和百分比统计。这些量化分析尽管是辅助作用，但研究者认为它具有重要意义：These frequency counts were important in making claims about tendencies for core and peripheral members to engage in particular sequences.（Vickers，2007：627）。从混合方法设计的角度，就整体研究而言，这种数据分析阶段发生的混合，混合程度显然较低，质化和量化成分的结合显然是在数据分析和结果释义上。

Vickers（2007）的这项研究的纵向性主要体现在较长时间内多次采集团队会议的话语数据。而这项研究的思想基础，如前所述，是人种志的原则。数据分析的方式和角度，也体现了明显的质化特征，是质化主导、量化相辅的特点。Vickers在数据分析上所尝试的方法混合，不仅在于质化分析中融入了量化的分析方法，还在于将宏观层面上人种志的质化分析，包括编码和确立主题，与微观层面上的会话分析相结合。这项研究不仅呈现了有别于其他领域的一种纵向混合方法设计，还将两大研究策略人种志和纵向研究结合，并在数据分析中采取、结合不同角度和方法，是一项很有特点、很有意义的研究。

3. 讨论

本章所做的方法研究显示，语言教学研究中出现了使用混合方法的、不同设计方式的纵向研究，大体表现为以量化方法捕捉一段时间内的趋势，并以质化方法提供关于这些趋势的背景理解。

针对纵向研究的混合方法设计，文献中仅有Van Ness et al.（2011）和Plano Clark et al.（2014）对临床生物医学研究和健康科学研究所做的方法研究。这两项研究中用以区分不同设计类型的首要维度，即量和质的时间点的关联，对于研究和描述纵向混合方法设计流程十分有用。但，仅仅依靠这一个维度，无法捕捉多种多样的设计方式，而且在不同的研究领域中，设计方式不尽相同。使问题变得更加复杂的是，混合方法设计中，量化和质化数据采集的次序本身就是一个维度，是广泛意义上混合方法设计的维度，因此纵向混合方法设计中的量、质时间点关联进一步复杂了混合方法本身的量、质次序问题。也就是说，一般意义上的混合方法设计，从量、质顺序的角度，可以分为同步设计和次序设计——但这些已不足以描述和区分纵向混合设计了，因为在纵向混合设计中，量化和质化成分之间的关联存在多种可能。本章的案例分析展现了语言教学研究中纵向混合方法设计的多种量、质关联。不同设计方式的相对优缺点需要混合方法学者做进一步深入研究，为研究实践者在不同研究背景下做出高质量的研究设计提供参考。

Van Ness et al.（2011）基于对临床生物医学研究的方法分析提出纵向混合方法设计的若干假设，包括1）量化部分使用大的随机样本、质化部分使用小的目的样本；2）质化方法是附加、修饰角色；3）统计推论与质化访谈结合。Plano Clark et al.（2014）对健康科学研究的方法研究后发现，没有一项研究能同时满足这三个条件。本研究的发现更是如此。例如，几乎没有一项语言教学纵向混合方法研究在量化部分使用随机取样；有些研究是非常明确的质化主导、量化相辅的混合设计；有些研究根本没有涉及统计推论；访谈并不是唯一的质化元素，有些研究使用了观察、笔记、日志、开放式问题问卷等多种不同方法。不同的研究领域有着不同的方法特点。不同领域的纵向混合方法设计需要进一步深入研究，以更加全面地描述纵向混合设计的多样性。

本研究还发现，如同其他领域一样，语言教学研究中的纵向混合设计有很多值得推敲的、有待研究的问题。对于纵向研究来说最关键的时间问题，在纵向混合方法研究中十分突出。量和质的结合中，时间维度如何融入、如何在时间意义上分析质化数据、在时间意义上结合量化和质化成分，是一个现有实证研究中普遍存在的问题和混合方法理论研究中亟待探讨的问题。

十一、应用语言学研究中的混合方法设计

　　在过去的几十年中，应用语言学的研究经历了相当多的变化。这些变化是受到社会科学研究，特别是教育研究的发展的影响。这个过程中，研究方法上一个极具争议的问题就是遭受诟病的量、质二分化。争议的一个结果，就是导致了新的研究策略的出现——混合方法。

　　有些人认为，混合方法并不是新的研究方法，因为在20世纪前60年中，社会科学很多领域中都出现了既采集质化资料又采集量化数据的情况。然而，混合方法作为一种独立的、有别于量化研究和质化研究的研究策略，是在20世纪80年代——在这期间掀起了一股混合方法的热潮，因而这段时期常被认为是当代混合方法研究，即第三范式研究的起始阶段（Tashakkori & Teddlie，2010）。随后而来的，就是范式争鸣时期。经过形成时期和范式争鸣时期的发展，混合方法已成为具有独特研究步骤和研究术语的、有别于其他研究类型的方法论（Creswell & Plano Clark，2011）。可以认为，混合方法是在过去的25年当中日渐盛行的。时至今日，混合方法的学术地位和研究用途已毋庸置疑。

　　然而，尽管混合方法在社会科学和教育研究中已获得突出地位，但在应用语言学研究中似乎并未得到应有的、足够的关注。应用语言学领域的学者更多的是考查质化和量化方法的各自使用情况及其价值（Benson, et al., 2009; Davis, 1995; Lazaraton, 1995, 2000, 2002,

2003，2005；Richards，2009；Plonsky & Gass，2011），却很少涉及两种类型方法的结合。本章聚焦：应用语言学研究中使用混合方法的现状，特别是将研究设计或研究策略明确为混合方法的那些研究。

1. 文献回顾

混合方法的定义本身就是一个有争议的问题。为在研究中尽量多地获得相关素材，本章采用的，基本上是Bergman（2008：1）的广义概念：the combination of at least one qualitative and at least one quantitative component in a single research project or programme。但，仅凭有了质化和量化成分就成为真正的混合方法研究了吗？这显然是对混合方法的简单化认识（Bryman，2008）。高质量的混合方法研究要求混合贯穿研究的整个过程：从研究问题的形成，到取样、数据采集、数据分析，直至结果释义。如Tashakkori & Creswell（2007：4）所定义的：research in which the investigator collects and analyses data, integrates the findings, and draws inferences using both qualitative and quantitative approaches in a single study or programme of inquiry. 这可以说是混合方法的理论境界，是对混合方法研究的高标准严要求。如果按照这个标准界定实证研究中的混合方法，数量上会大打折扣。

围绕混合方法的哲学基础问题，学界一直争论不休，呈现出无范式说、优势互补说、辩证说、单独范式说、设计观念说、领域信念说等主要学说。尽管思想不同，但这些讨论一致的角度都是，质化和量化研究背后截然不同的哲学基础并不能成为研究实践中方法结合的重大羁绊。无论如何，方法混合的实际价值都是显而易见的。学界越发确信，质化和量化方法能够并存、互补，其各自的结果，无论趋同还是不同，都增强了研究者对研究问题的理解。

混合方法的方法论问题一直是学界的一个研究重点。混合方法，不只是使用了多种方法，或者用一种方法去支持另一种方法，而是将通则方法和个案方法相结合，以实现泛论和深入理解的双重目的——前者是在较大样本中获得的规律概要，后者源于对较小样本的细微钻研（Bazeley，2004）。高质量的混合方法研究，应当使方法的结合起到增强研究完整性的作用——不是质化和量化部分互相平行，而是成为一体（Yin，2006）。这就要求研究者明示研究问题、取样、数据采集和分析中所发生的质、量结合的本质。方法论问题上研究成果最为丰富的，应属设计类型的研究，这方面的讨论可见Creswell & Plano Clark（2011），Morse & Niehaus（2009），Tashakkori & Teddlie（2010）等。此外，学者还针对混合方法的研究问题、取样策略、数据采集和分析、质量标准（有效性问题）等若干方法论和方法问题进行了专项研究（Caracelli & Greene，1993；Bryman，2006；Onwuegbuzie & Johnson，2006；Bryman，2007；Teddlie & Yu，2007；Collins，2010；O'Cathain，2010；Plano Clark & Badiee，2010）。

2.　应用语言学研究中的混合方法研究

2.1　数据

本研究的数据来源于学界主流期刊*Applied Linguistics, TESOL Quarterly, Language Teaching Research*和*The Modern Language Journal* 2003-2014年间发表的语言教学实证研究论文。本研究所考察的这12年（2003-2014）是混合方法研究的反思期——"the reflective period of MMR"（Archibald et al.，2015），是里程碑式的著作*The Handbook of Mixed Methods in Social and Behavioural Research*（2003）第一版出版后带动混合方法在社科各领域迅速、蓬勃发展的时期。为尽可能地确保研究质量，本研究没有采用核心词检索的办法获取数据，而是通过浏览四刊全部语言教学相关的实证研究论文的方式，对每篇文章逐一考察。因此，整个研究过程耗时很长，但能使研究者对数据分析的过程和结果有足够信心。

2.2 总览

Applied Linguistics, TESOL Quarterly, Language Teaching Research 和 *The Modern Language Journal* 四刊 2003-2014 年期间共发表语言教学实证研究 888 篇，其中将质化和量化元素混合使用的有 209 个，约占实证研究的 23.54%。而在这质化、量化混合的 209 项研究中，研究者将其研究设计、研究策略或研究方法明确为混合方法（mixed methods, mixed-method, multi-methods, multiple methods 等 字 样， 不含 triangulated qualitative and quantitative approaches/methods 等强调三角测量概念而并未明确混合概念的称谓）的，只有 22 个，约占全部语言教学实证研究的 2.48% 和质、量元素混合研究的 10.53%。这说明，在以四刊为代表的应用语言学研究中，使用混合方法的研究并不少，但明确混合方法这一概念或称谓的，却十分有限。这一点，与 Hashemi & Babaii（2013）的研究发现相似。一定意义上可以认为，应用语言学领域中混合方法的概念确立不足。

本文聚焦这 22 项被研究者明确为混合方法的研究，考察其研究设计的特点。这些研究在四刊中的分布如下：

表5. 2003-2014年四刊中明确使用混合方法概念的研究

Applied Linguistics	4
TESOL Quarterly	6
Language Teaching Research	8
The Modern Language Journal	4

其中，混合方法概念出现最早的，是 *Language Teaching Research*，出现在 2004 年。之后，2007 年，混合方法概念连续两次出现在 *Applied Linguistics*。2009 年，*TESOL Quarterly* 首次明确使用了混合方法的概念。而这一概念来得最晚的是 *The Modern Language Journal*，直到 2012 年才第一次出现。

2.3　混合方法的研究设计

2.3.1　混合方法：策略还是方法

这22项研究中，18项研究将其整体研究设计——或者说研究策略定义为混合方法研究。尽管名称不完全相同，但这18项研究都是被明确为a mixed(-) method(s) study（5项）、a multi-method strategy（1项）、a mixed(-) methods approach（6项）、a mixed(-) method(s) design（3项）、a mixed study design（1项）、multiple methods（1项）或者a multimethods approach（1项）的研究。也就是说，在这18个研究中，混合方法的概念是一个整体研究策略和整体研究设计层次上的概念。而另外4项研究中，混合方法所指是数据采集和（或）分析方法——是在某一个传统研究策略之中既用了质的方法又用了量的方法。这4项研究中，2项是在案例研究中使用了混合方法—— a mixed-methods case study（Caldas，2007：290）和 a longitudinal case study…adopted multiple methods（Chen，2008：244）。1项是行动研究中使用混合方法—— The study used three cycles of action research over the course of one 15-week university semester，utilising mixed-methods data collection and analysis（Sampson，2012：317）。1项是准实验中使用混合方法——a quasi-experimental design…[with] a qualitative phase，亦称 an embedded mixed methods design（Ziegler，2014：924）。

2.3.2　对混合方法的阐述

在这22项研究中，有6项研究对混合方法的方法论进行了阐述，并明确了质、量混合的目的（这6项研究都是将整体研究设计或者研究策略定义为混合方法的研究）。有2项研究对混合方法进行了论述，但并未直陈质、量混合的目的，尽管其目的可以从其研究设计中判断出来。还有5项研究并未针对混合方法进行任何论述，但表明了质、量混合的目的。其余9项研究虽然明确使用了混合方法的概念，但没有就混合方法展开论述，也没有直陈混合的目的。

Borg（2009）在对英语教师科研观的研究中，将其研究设计明确为混合方法，并指明了所使用的混合设计类型，包括量化和质化数据采集的次序，以及量化和质化阶段的取样分别：

The design of this study reflects what Creswell（2003）calls a sequential explanatory multi-method strategy. This is a design which "is characterised by the collection and analysis of quantitative data followed by the collection and analysis of qualitative data"（p. 215）. Specifically, the study reported here adopted a survey approach in which largely quantitative data were first collected through a questionnaire. A sub-sample of the teachers who completed the questionnaire then participated in a second phase of data collection through which their questionnaire responses were explored and illustrated in more depth qualitatively…

（Borg，2009：360）

Hamid，Sussex & Khan（2009）针对孟加拉中学生英语课外辅导现象的研究使用了混合方法设计。他们在阐述研究设计的同时，回顾了混合方法研究的文献和相关理论；明确表达了对混合方法的信念，即一个现象的多个不同方面需要多种不同的方法来挖掘，其结果相互补充以形成对于所研究现象的更为广泛而深入的理解。Hamid，Sussex & Khan不仅将其研究设计明确为探究式设计，而且指明了质化和量化数据采集的次序、质化和量化成分的比重、质化和量化元素结合的阶段，以及质、量混合的目的：

Our methodological integration was mainly based on [Creswell & Plano Clark's（2007）] fourth design type（exploratory），with explanation and complementation as two objectives or principles for the mixing. Our design was guided by the belief that different aspects of a single phenomenon require different methods of inquiry，and the findings complement each other to yield a broader and deeper understanding of the phenomena under investigation (Greene, 2008). Our data analysis and results are presented in two distinct phases—a quantitative phase, followed by a qualitative phase, and are "integrated during the interpretation of the findings" (Johnson & Onwuegbuzie, 2004, p. 20). Thus, among the three models of mixing suggested by Creswell and Plano Clark (2007)—merging, connecting, and embedding—we follow the second method: we connect the two data sets, and the connection is sequential, because the two phases are chronologically ordered in the research process. In terms of the relative weight of the two phases, we depart from much customary practice in that our notation is quan→QUAL: We place more weight on the second, qualitative phase. In our view, the qualitative phase, which investigates students' attitudes, motivations, and perceptions of [private tutoring in English (PT-E)], yeilds more and richer information than the quantitative phase, which associates students' participation in PT-E with English achievement data. The two phases of our study are "broadly complementary, providing different kinds of insights into the different aspects" (Brannen, 2005, p. 180) of the social phenomenon of PT-E.

(Hamid et al., 2009: 290)

Chang (2010) 在对英语课堂小组活动的研究中，明确研究设计两段式次序混合方法设计。在对研究设计的解释中，研究者强调单纯依靠量化研究难以捕捉过程与动机之间动态而难寻的复杂关系，而质化研究的注入为解释变量之间的关系提供了可能。在这个研究设计中，研究者将质化和量化元素混合以实现补充的目的，即发现同一事物的不同侧面：

This was a two-phase, sequential mixed-methods study (Creswell, 2003) with quantitative survey data being collected first, followed by semistructured qualitative interview data... Although the survey questionnaire may provide data to accept or reject the hypothesis...solely relying on quantitative data to grasp the dynamic and possibly elusive relationship between group processes and L2 motivation may not be sufficient. Confirming the hypothesis itself would not explain how these two variables are related, because it does not provide opportunities for these learners to illustrate their own learning experiences. As Bryman (2004) explains, "one of the problems that frequently confront quantitative researchers is how to explain relationships between variables" (p. 460). Triangulating quantitative survey data with a more detailed illustration from the language learners through interviews allows the researcher to gather qualitative data to "explain or build upon initial quantitative results" (Creswell & Plano Clark, 2007, p. 71). These learners' elaboration on the influences of the class groups might be particularly important for developing a more intimate view (Creswell, 2003). Such a view is "often more revealing", because it discloses the "perspectives of the people [researchers] are studying" (Bryman, 2004, pp. 458-459). In this regard, the aim of this mixed-methods study was for complementarity (discovering different facets of an event), where the researcher looks for elaboration and illustrations in the results of one method and interweaves those results with another method (Greene et al., 1989, pp. 258-259).

(Chang, 2010: 135-136)

在自我表明的混合方法设计类型中，研究者大都是采用Creswell（2003）和Creswell & Plano Clark（2007；2011）的设计理论，例如，Borg（2009），Hamid et al.（2009），Chang（2010），Borg & Liu（2013），Sato（2013）和Ziegler（2014）。而Copland et al.（2014）针对五个国家的五所小学里学习英语的小学生的研究中所采用的混合方法设计，是Morse（2010）的"量化+质化"设计——这是基于理论欲求说的混合方法设计（参见张培，2013），强调研究的主导方向要么是归纳，要么是推理，因而混合方法中必须有主方法与辅方法之分：

In line with Morse（2010）, a QUAN—*qual* design was adopted, where QUAN represents quantitative methods and comprises the core component, in this instance a survey. The *qual* component is the supplementary approach and comprises data from an open question on the survey filtered by country, and observations of and interviews with five teachers of young learners in five international locations.

（Copland et al., 2014：742）

Ziegler（2014）对欧洲外语课堂中使用的一种语言学习测试方法The European Language Portfolio进行的有效性检验中，使用了混合方法的研究设计，并将这种设计明确为嵌入式混合方法设计，依据的是Creswell & Plano Clark（2011）的设计类型理论。Ziegler认为嵌入式设计是一种高级的混合方法设计，具体来说是在一个量化的准实验设计中融入质化的半结构式访谈手段。由于量化方法在前、质化方法在后，而且质化阶段用于解释、说明量化结果，Ziegler认为这项设计同时也是解释次序式设计。最令人注意的是，Ziegler在对研究方法的论述中，不仅定义了混合设计的类型、明确了质、量混合的目的和意义以及质化和量化阶段的次序，更直陈了作为其研究设计之基础的哲学观。这是12年间四刊所有使用混合方法的实证研究中唯一涉及哲学问题的案例：

> This is an advanced mixed methods design…that "occurs when the researcher collects and analyses both quantitative and qualitative data within a traditional quantitative or qualitative design" （Creswell & Plano Clark, 2011, p. 71）…Specific to this study, a quasi-experimental design is employed as the quantitative phase of an explanatory sequential mixed methods design. The explanatory sequential design begins with a quantitative phase that informs the consequent qualitative phase through the methods level strategies of connecting（i.e. analysis of one strand informs the sampling strategy in the other）, building（i.e. analysis of one strand informs the date collection of the other）, merging（i.e. investigating parallel constructs in both strands to facilitate comparison）, and/or embedding（i.e. linking data collection and analysis at multiple points）（Fetters et al., 2013）. The purpose of the qualitative phase is to produce meta-inferences that explain, or illustrate, the quantitative results（Creswell & Plano Clark, 2011）. Following a pragmatic world view, mixing the quantitative and qualitative methods allows for a more fruitful interpretation of findings, providing "the best opportunities for answering important research questions" （Johnson & Onwuegbuzie, 2004, p. 16）.
>
> （Ziegler, 2014：924）

2.3.3　混合目的

在这22项被研究者明确为混合方法的研究中，有些是研究者阐明了混合目的的；有些虽未作混合目的的阐述，但可以依据其整体研究设计和所呈现出的数据及其分析和释义过程作出判断。本章对这些研

究所作的内容分析发现，这22项研究从混合目的的角度可以归为四种
类型，分别是补充目的（10项）、三角测量目的（7项）、延伸目的（4
项）和补充+延伸目的（1项）。这四种类型在四刊中的分布如下：

表6. 2003-2014年四刊中22个明确的混合方法研究的混合目的

	补充	三角测量	延伸	补充+延伸
Applied Linguistics	2	0	2	0
TESOL Quarterly	5	1	0	0
Language Teaching Research	1	5	1	1
The Modern Language Journal	2	1	1	0

以补充为目的的混合方法研究中，研究者是以一种方法（例如质
化方法）对另一种方法（例如量化方法）所得的结果作详述或解释。
Caldas（2007），Borg（2009），Hamid et al.（2009），Barkaoui（2010），
Chang（2010），Gao et al.（2010），Nishino（2012），Borg & Liu（2013），
Copland et al.（2014）和Ziegler（2014）的研究都是以补充为主要目
的的混合方法。以三角测量为目的的混合方法研究中，研究者寻求
质化和量化方法所得结果之间的相互确认或者趋同。Atay（2004），
Chen（2008），Busch（2010），Lambert（2010），Sampson（2012），
Macaro & Lee（2013），Sato（2013）的研究都是以三角测量为主要
目的的混合方法。在以延伸为目的的混合方法研究中，研究者通过既
使用质化方法又使用量化方法来扩展研究的广度和深度。Derwing et
al.（2007），Maclintyre & Legatto（2010），Busse & Walter（2013）和
Zhang & Liu（2013）的研究是以延伸为主要混合目的。而Tan（2011）
的研究表现出补充和延伸的双重混合目的。可见，在四刊12年间明
确使用了混合方法的研究中，研究者将质化和量化方法结合使用的主
要目的大多在于以一种方法去阐释另一种方法的研究结果，以及质和
量两种不同方法之间的相互验对。

2.3.4 混合方法设计

在对这22个被研究者明确定义为混合方法的研究进行设计分析时，本章着重考量混合方法的设计要素（张培，2010）以及混合方法设计文献中Creswell & Plano Clark（2011），Morse & Niehaus（2009）等主要设计理论。

这22项研究中，13项研究采用了次序设计，即质化和量化数据的采集次序进行。这样，在应用语言学四个主要期刊12年间被明确定义为混合方法的研究中，次序设计表现为研究设计的绝对主流。此外，有2项研究采用了同步设计，即质化和量化数据的采集同时进行。有2项研究既有同步又有次序特点。有1项设计符合Creswell & Plano Clark（2011）设计理论中的多阶式设计。有1项研究采用了Creswell & Plano Clark（2011）的所谓嵌入式设计，而且是研究者自己明确提出的设计类型。还有3项研究是纵向混合方法研究，即研究者在纵向研究中使用了混合方法。由于纵向混合方法有着不同的设计维度（或者说设计要素），这里将这3项研究作为纵向混合设计来讨论。表7呈现22项混合方法研究的设计类型：

表7. 2003-2014年四刊中22项明确的混合方法研究的设计类型

	次序设计	同步设计	同步-次序，或次序-同步设计	嵌入式设计	多阶式设计	纵向混合方法设计
A.L.	1	1	0	0	0	2
TESOL	5	1	0	0	0	0
L.T.R.	5	0	2	0	1	0
M.L.J.	2	0	0	1	0	1
	13	2	2	1	1	3

（A.L.：*Applied Linguistics*；TESOL：*TESOL Quarterly*；L.T.R.：*Language Teaching Research*；M.L.J.：*The Modern Language Journal*）

从混合方法中质化和量化成分的地位对比角度，这22项研究中的1项（多阶式设计）由于只报告了质化研究部分，无从考察质与量的相对地位。其余21项研究中，量化为主的有14项，质化为主的有7项。这样，在应用语言学四个主要期刊12年间被明确定义为混合方法的研究中，以量化为主的混合方法设计占据较大优势。在考察这些研究中质化与量化成分的对比时，本章并不以研究中呈现的质化和量化部分的篇幅为主要依据，而是以其研究设计、数据次序以及在部分研究中研究者的表态为依据。在15个次序设计里，量化主导或者量化为主的研究有10项；质化主导或为主的有5项。2个同步设计里，量化为主和质化为主的各1项。仅有1项的嵌入式设计是一个量化主导的设计。3个纵向混合设计中，量化为主的有2项，质化为主的有1项。

2.4　混合方法设计案例分析

根据其研究设计和方法上呈现出的特点以及部分研究中研究者的自我表述，本章将13个采用了次序设计的研究归为3类：6个属于解释次序式设计，2个符合探究次序式设计特点，5个表现出基于基本设计类型的演绎和发展——本章将此类研究称为次序设计的延展设计。

解释次序式设计的主要目的是通过质化方法的使用，解释最初的量化结果。解释次序式设计以两种不同的、相互作用的研究阶段和先行的量化方法在研究中的主导地位为主要特点。在这种设计中，量化数据的采集和分析发生在前，并且在量、质对比中占据优势地位。量化研究阶段之后是质化资料的采集和分析。这第二个研究阶段，即质化阶段的设计是跟从于第一阶段量化研究的结果，通常表现为研究者阐释质化结果如何帮助解释了最初的量化分析结果。

与解释次序式设计一样，探究次序式设计中质化和量化数据的采集有先后次序之分。不同在于，探究次序式设计开始于并侧重于质化材料的采集和分析。在质化阶段的探究结果基础上，研究者进入第二阶段即量化阶段的研究，以验证或推广第一阶段的发现。探究次序式设计的主要目的，是将第一阶段中基于几个个体的质化研究结果推广到第二阶段中的更大样本。

本章中所谓次序设计的延展设计，是基于两种基本的次序设计类型，即解释次序式设计和探究次序式设计，并在此基础上所作的演变和发展。为便于呈现分析结果，本章以"→"表示次序，以"+"表示同步，用较大字号表示主方法，用较小字号表示辅方法。Macaro & Lee（2013）的研究设计呈现出"质化→**量化**→质化"的特点，其主要方法是量化方法——问卷，在其前后分别使用了两次访谈。问卷之前的访谈是一个探究式访谈，用以制定问卷内容。问卷之后的访谈针对问卷中的相同主题，其用意在于确认和丰厚量化阶段的数据。这种设计思想有需要探究的地方，特别是当质化访谈作为量化问卷内容的来源，即量化方法取决于先行的质化方法之时，这个质化方法是十分重要的，是在研究中起决定作用的。因而在混合方法的设计中，这个质化方法应当成为主要方法，而不是辅助角色。Nishino（2012）的研究设计表现出"**量化**→质化→质化"的特点，主方法问卷调研为首方法（样本大小：139），其后按次序又分别使用了两种质化方法（样本大小：4），即课堂观察和半结构访谈。质化方法的使用意在诠释和丰富量化研究的结果：

…the qualitative data help enrich the findings from the survey component of the study and reveal that Learning Experiences, although deleted from the Final Path Model of Teacher Beliefs and Practices, exerts an influence on Classroom Practices. The qualitative findings also contribute to illuminating what is happening in the local context by providing information about individual teachers' beliefs and practices and how their beliefs and practices are situated in their particular teaching contexts…

（Nishino，2012：393）

尽管质化方法在研究中是相对辅助的角色，但此项研究的质化阶段做得相当充分。特别是两种质化方法的使用，在被研究者的声音和研究者的观察之间形成三角测量的作用，提高了研究的有效性。

Nishino（2012）基于解释次序式设计的这个延展设计，值得称赞。次序设计的延展设计出现最多的，是*Language Teaching Research*：Chen（2008）的研究设计呈现出"量化→量化→质化"的特点；Lambert（2010）的研究设计是"质化→质化→质化→量化"型式；Busch（2010）的设计方式则为"量化→量化→质化"。

22项研究中的2项同步设计分别是Maclintyre & Legatto（2010）和Barkaoui（2010）。Maclintyre & Legatto（2010）的研究设计中使用了三种数据采集方法——研究对象对其任务中交际意愿改变的自我评估、研究对象针对任务的刺激性回忆，以及研究者基于对研究对象的任务观察所作的描述性报告。研究对象自我评估后立刻进入刺激性回忆，任务结束后即刻生成研究者观察报告。量化的评估数据与质化的内省数据和观察者报告数据之间相互平行，即量化和质化数据的采集同时而分开进行——量化的不依赖于质化的结果，质化的也不依赖于量化的结果。研究者对于质化和量化两组数据进行分别的、独立的分析，量化的数据进行量化分析、质化的数据进行质化分析，将结果合并，实现混合。Barkaoui（2010）的研究设计将这种会合平行式设计的特点表现得更为直接：31位有经验的评估者和29位新手对180篇考试作文的评估以及每位评估者对所给每项整体分值的书面解释构成两种类型数据。分值数据作量化分析，书面报告作质化分析，以质化结果解释、确认量化结果，并综合质化和量化结果从而形成对于研究问题的更加全面的理解。

22项研究中有2项研究显现出次序和同步兼有的特点。Gao et al.（2010）的设计中出现了调查问卷和焦点小组访谈，而问卷的设计既有封闭式问题又有开放式问题，同时形成两种类型数据。而后，根据对封闭式和开放式问卷数据的分析确立了10个受访者进入小组访谈阶段。这个设计中问卷阶段的研究呈现出量、质平行、同步的特点，而其后的访谈阶段又跟从于问卷阶段研究的结果，形成量、质研究之间的互动。此项研究给予质化成分更多的侧重，构成"量化+质化→质化"的设计型式。Sampson（2012）的研究呈现出

"质化→质化→质化+量化"的设计特点，数据分三个阶段采集，分别是学生的自由写作练习、学生对其写作的书面反思，以及学生的进一步反思连同完成学习经验问卷。这是一个质化主导的研究，重点在于探究；最后一个阶段加入了一个量化元素。值得提出的是，这项研究设计中量化成分的用意很模糊。质化主导的研究中，最后阶段出现量化手段，一般意在验证或者推广质化研究的发现。但此项研究在量化部分仍然使用和质化部分相同的样本（34个学生），显然存在设计上的缺陷，表现出混合目的和意义不明确的特点。

Ziegler（2014）是22项研究中唯一一个嵌入式设计，也是一个很典型的嵌入式设计。研究设计中，质化的半结构式访谈嵌入量化的准实验设计当中；质化手段的用意在于阐释量化研究结果；量化和质化阶段的研究分别回答不同的研究问题。混合方法的嵌入式设计的主要特点就是量化和质化成分共同出现在一个传统的量化或质化研究设计里，即研究者在一个传统的量化研究设计，如实验当中加入一个质化成分；或者，在一个传统的质化研究设计，如案例研究中加入一个量化成分。嵌入式设计往往用于有着不同的研究问题、需要不同种类数据的研究当中。而这些研究的整体设计是一个传统的质化的或者量化的设计，在其中嵌入另外一种成分旨在加强整体研究。

22项研究中，Tan（2011）的整体设计显现出多阶式设计的特点。虽然该文只集中报告了质化研究部分，但研究者对整体研究作了描述。其整体设计是一个混合方法设计，量化阶段的数据来自马来西亚三个省份，而文章集中报告的质化研究的数据来自其中两所中学。先期进行的量化阶段使用调研问卷，其后的质化阶段采用半结构式访谈、课堂观察、实地笔记和相关文件。这种多阶式设计的主要特点是阶段性，是一种复合设计，将一系列量化和质化研究有序连接，主要用于有较大资助的研究项目，往往历时几年。最明显的，每一个研究阶段是一个相对独立的研究，有着自己特定的研究问题，可以单独著述。

22项研究中有3项研究都是在纵向研究里使用了混合方法。混合方法文献中有关研究设计的主要理论都是围绕横向研究，纵向研究的混合方法设计是一个新问题。基于张培（本书第十章）对纵向混合方法设计的探讨，特别是关联、顺序、混合这三个分析和描述纵向混合方法设计的主要维度，本章将此3项纵向混合方法研究分别定义为全面纵向混合方法设计、回顾式纵向混合方法设计，和准回顾式纵向混合方法设计。

全面纵向混合方法设计的重要特征是在多个时间点上多次采集量化和质化数据。Caldas（2007）的研究设计属于这种类型，并且具有一对一的特点：量化数据来源是封闭式问题的法语能力调查问卷、质化数据来源是开放式问题的双语自我感知调查问卷。数据分三个时间段采集，每个时间点上量化和质化数据同时采集。

回顾式纵向混合方法设计的特点是，质化数据只采集一次，并且发生在量化数据采集的最后一个时间点上。Derwing et al.（2007）的研究设计是这种类型。研究比较了两组学习者的口语流利度，话语样本的采集历时两年。数据分三次采集：三个时间点上研究对象的流利度和理解力被评判，并在最后一次数据采集期间做了个人访谈。也就是说，这项研究的方法上的混合在于对学习者理解力和流利度的量化评估和对其学习经历的质化探究。此项研究设计的回顾式纵向同步的特点在于，质化的数据采集一次，并且发生在三次量化数据采集的最后一次与其同时进行。

准回顾式纵向混合方法设计与回顾式纵向混合方法设计有相近之处，都是质化数据只采集一次，且发生在研究后期。不同之处在于，准回顾式纵向混合设计中，质化数据的采集并未发生在多次量化数据采集的最后一个时间点上，而是在完成采集量化数据一段时间之后发生，成为一种后续的数据采集。Busse & Walter（2013）的研究设计体现这个特点，其主要数据来源是两个时间点上的问卷。两次问卷之后，又作了后续访谈，其样本来自于并小于问卷样本。

3.　结语

本章是以英语语言学主流期刊 *Applied Linguistics, TESOL Quarterly, Language Teaching Research* 和 *The Modern Language Journal* 12年

的资料为基础的研究。研究发现，语言教学实证研究中，尽管质化和量化元素混合使用的研究不少（约占四分之一），但将研究设计、策略或方法明确定义为混合方法的研究很有限。一定程度上表明，应用语言学领域中混合方法的概念确立和使用不够广泛而且较晚。例如，在 *The Modern Language Journal* 这样的刊物上，到2012年，混合方法概念才第一次出现。明确使用了混合方法称谓的研究中，大多是将混合方法作为整体研究策略或研究设计（约82%），少数是指数据采集和（或）分析方法。将近60%的明确使用混合方法概念的研究对混合方法的方法论和（或）混合的目的作了专门的论述。

全部22项明确使用了混合方法概念的研究表现出四类混合目的：补充、三角测量、延伸，以及补充+延伸。其中，补充和三角测量表现为使用混合方法的最主要目的（合约77%）。而就混合方法中质化和量化成分的地位对比而言，量化主导或量化为主的研究占据较大优势（约67%）。

研究设计方面显现出的一个重要特点，是横向研究的混合方法设计大多与以Creswell & Plano Clark（2011）为代表的设计理论相符，但同时出现了基于已有设计理论的延展设计；而纵向研究的混合方法设计是一个正在兴起的、需要更多深入研究和挖掘的领域。在以4刊12年的资料为代表的应用语言学研究中，次序设计表现为明确使用了混合方法概念的研究中的绝对主流（约60%；其中包括基于同时设计的延展设计）。此外，横向研究中还出现了同步设计、同步-次序（或次序-同步）设计、嵌入式设计和多阶式设计。全部22项明确的混合方法研究出现的3个纵向研究，在研究设计上表现出与张培（本书第十章）提出的纵向研究的混合方法设计类型相符。横向研究与纵向研究有着不同的混合方法设计维度。多年以来，混合方法设计的理论探讨一直围绕横向研究，纵向研究的混合设计将是学界需要更多深入研究的主题。

十二、混合方法：绝非一时风尚

　　本书的主要研究资料是应用语言学领域的八个国外主流期刊。起初，课题组希望在重点研究国外期刊论文的基础上，也对照几个国内语言教学的期刊。但研究中发现，国内大多期刊论文对于方法的阐释十分有限甚至缺失，这对于本项研究很不利。即使是某种程度上可以说使用了混合方法的一些国内研究也几乎从不阐述、涉及方法论。特别是，就混合方法而言，国内期刊论文无论从表现出的研究者对于混合方法的认知还是所呈现出的混合方法的研究设计，都难以与国外相关论文对照讨论。就本项研究的重点而言，考察国内资料的意义不大（本书第六章涉及了一些国内期刊论文资料）；于是决定聚焦于国外八刊的研究，并将研究截点延长，由原计划的2003-2012年延伸到2003-2014年，以进一步更新、丰富有效数据。

　　在*Applied Linguistics, TESOL Quarterly, Language Teaching Research, The Modern Language Journal, International Review of Applied Linguistics in Language Teaching, System, English for Specific Purposes*和*Language Learning*这八个期刊2003-2014年12年间所发表的1964个语言教学与学习实证研究中，使用了混合方法的研究有509个（这里混合方法的界定采用本书前面章节所用的定义，即单一研究项目中出现至少一个质化元素和至少一个量化元素的结合；也可以认为是单一研究项目中既有质化的又有量化的数据的采集或者分析）。全部八刊中，使用了混合方法的研究约占语言教学与学习实证研究总数的25.9%，即超过四分之一的比例。同时，虽然将质化和量化元素结合使用的研究不少，但明确使用混合方法概念，即将研究设计或研究方法明确为混合方法的却是少数。在八刊509个使用了混合方法的研究中，

50个研究明确使用了混合方法概念，约占10%。尤其在 *International Review of Applied Linguistics in Language Teaching* 中，使用混合方法的研究在实证研究中占比高达41.1%，但无一明确提出混合方法概念。如本书前面章节所讨论，这在一定程度上显示出应用语言学领域中，混合方法的概念引入和确立不足。无论是否明确了混合方法的概念，不可争的事实在于，过去十几年来，以八个国外主流期刊为代表的语言教学与学习研究中，将质化与量化元素相结合的混合方法成为实证研究中不可忽视的、稳固存在的、持续使用和发展的研究方法。表8呈现每刊每年度混合方法研究与实证研究数量对比：

表8. 八刊2003-2014年间每刊每年混合方法研究与实证研究数量对比

	Applied Linguistics	*TESOL Quarterly*	*Language Teaching Research*	*The Modern Language Journal*	*International Review of Applied Linguistics in Language Teaching*	*System*	*English for Specific Purposes*	*Language Learning*
2003	3/13	5/15	2/13	5/22	5/11	8/21	5/14	2/18
2004	4/10	1/16	6/11	7/19	7/14	8/28	3/11	4/16
2005	4/12	3/18	3/14	3/16	6/10	10/22	4/12	3/16
2006	6/16	2/16	0/12	5/22	5/13	12/36	8/16	3/13
2007	4/11	1/14	8/19	5/21	6/12	10/27	2/12	3/20
2008	4/20	1/14	5/18	5/17	4/9	9/38	1/13	4/23
2009	2/13	5/15	4/14	5/25	5/14	13/51	4/16	2/21
2010	4/23	4/22	8/23	3/24	4/13	8/44	6/13	5/19
2011	3/12	8/17	10/21	5/24	3/12	11/38	8/16	3/36
2012	4/15	5/22	5/20	6/28	4/11	17/35	7/12	3/35
2013	3/18	4/21	3/21	11/41	4/11	15/64	6/17	1/27
2014	5/16	4/21	2/22	4/31	5/11	24/93	7/17	3/25

　　最近，混合方法学界出现了一种声音——在考察了混合方法研究的根源之后，一些学者认为混合方法研究根本不是新事物，当下学界对于混合方法的兴趣和热情只不过是一时风尚。这种声音以Pelto（2015）和Maxwell（2016）为代表。Pelto（2015）以人类学研究为例，认为人类学研究者将质化和量化的方法一起使用已有80余年，因而混合方法研究根本不是什么新鲜事，于是对混合方法学界将混合方法作为新兴方法论表示质疑。Maxwell（2016）更是将质化与量化数据结合的历史追溯到远古时代，指出自然科学中从古希腊时代就开始结合使用质化和量化方法了；而在社会科学中，质化与量化方法相结合的研究贯穿了整个社会科学的历史！其中首次明确描述质化与量化的方法和数据有意结合的研究应该是出现在1899年。通过考察历史，Maxwell得出结论，质化和量化方法的有意的、系统的结合早在所谓混合方法成为一种独特的研究类型之前就存在了。他认为，混合方法学界将混合方法研究呈现为一种新的、令人兴奋的社会科学研究的第三范式是有"政治目的"的——出于促进和发展混合方法的目的，将其确立为令人激动的第三范式要比承认它已经存在了好几百年更有说服力（Maxwell，2016）。不过，按照Maxwell对历史的考察，混合方法存在了岂止几百年！

　　无人否认，质化和量化方法的结合使用早在20世纪末"混合方法"概念出现之前就已经出现。20世纪早期至中期，研究中既有质化的又有量化的数据并非新鲜，然而在此期间，由于其他范式的地位和"权力"，混合方法从未有过真正的、全面的发展机会。是20世纪80年代、90年代和2000年以后的年代为混合方法研究提供了新的学术氛围和知识环境，使混合方法能够真正全面地诞生、清晰而系统地发展。新世纪拐点的时候，可以说，混合方法研究的时代来临了（Fetters，2016）。此前，Bernard（1988），Bryman（1988），Creswell（1994），Greene et al.（1989），Morse（1991），Rossman & Wilson（1985），Tashakkori & Teddlie（1998）等先锋学者为现代混合方法在人类学、心理学、教育学、管理学、社会学、护理学、教育心理学等诸多领域中的确立和发展做了奠基和布局。这些先锋学者的著述加速着量、质方法结合的思想和过程。他们的重要贡献在于，通过阐释、论证多种不同的方法和过程，不仅仅是在应用层面，而是通过系统的方法论，将质化研究与量化研究进行有明确意图的结合。这也是现代混合方法研究有别于其他时代、能够成为真正的混合方法研究的一个重要原因。

不可否认，现代混合方法仍有很多不完善的地方，但可以肯定的是，它已完全不同于其历史根源，即分别采集和分析质的和量的数据并且仅此而已的那些研究。尽管实践中的领会有些缓慢，但质与量的融合越来越成为现代混合方法研究——至少是理论意义上的标志性特点。这种融合，在于质、量两种类型的数据之间的比较和合并，以确认（即三角测量）、解释（即补充）、扩展研究的广度和深度（即延伸）、寻求前种方法的结果对后续方法和研究阶段的影响（即发展），以及通过结果间的不同带来研究的新视角（即发起）。可以说，没有这种融合，就没有混合方法。

当今的混合方法研究强调分析，即质化和量化数据的结合，以实现质、量结合为目的的分析方法的研究不断涌现（Brannen & O'Connell, 2015; Guetterman, Fetters & Creswell, 2015; Onwuegbuzie & Hitchcock, 2015; Plano Clark & Sanders, 2015）。当今的混合方法研究已有了属于自己的专用术语和研究规则，不同学科都在使用（Creswell, 2015）。仅此一点，就是一项突出的成就，因为它促进了不同学科和领域的研究者之间的对话和理解。当今的混合方法研究已经形成学界和多种跨学科的团队，不断研究、开发新的成果（Szostak, 2015）。眼下，量、质融合过程的研究正在进行，新的混合方法设计和混合方法论正在出现（Fetters, 2016）……这些特点，使当今的混合方法研究有别于以往任何时候，成为真正意义上的混合方法研究。

质化与量化研究的结合并非新事物，但现代混合方法的特点是其系统性（Greene, 2015）。若干年以来，这种以质、量融合为目的的系统的研究方式得以很大发展，通过对包括哲学、设计、方法、分

析手段在内的研究全过程的研究，实现系统的混合方法的方法论。正
是这种系统的方法论，使现代混合方法研究有别于以往任何时候，成
为真正意义上的混合方法研究。混合方法学界已经呈现出大量的关
于哲学基础、研究设计、取样策略、数据采集和分析的方法论研究。
混合方法的研究得到越来越多的资助；混合方法的软件正在迅速开
发（Guetterman et al.，2015）。混合方法研究正在形成前所未有的多
样而跨学科的团队并扩展到世界范围的各个学科领域……所有这些都
表明，混合方法研究将继续繁荣发展。正如Fetters（2016：8）所言，
"21世纪混合方法研究的应用和能量才刚刚开始展现。"

　　应用语言学领域，如前所述，使用混合方法的研究已经占有相当
比例。在使用混合方法的时候，研究者对于混合方法的哲学思考、对
于混合方法研究原则的理解、对于混合方法的方法论的认知和探究是
十分重要的。应用语言学研究者需要理解混合方法的方法论，因为高
质量的混合方法研究绝非质的部分质化做、量的部分量化做而已。混
合方法的研究目的、研究设计、取样策略、数据采集和分析方法等方
法论问题上的思考、钻研和呈现是实现高质量的、真正意义上的混合
方法研究的前提。应用语言学界和混合方法学界必须是互动的关联，
使混合方法研究的理论照耀应用语言学研究中的混合方法实践，并在
实践和应用中回馈理论，形成新的理论和不断完善的混合方法的方
法论。

参考文献

Allen, L. Q. Teachers' pedagogical beliefs and the standards for foreign language learning [J]. *Foreign Language Annuals*, 2002, 35: 518-529.

Archibald, R. N., Radil, A. I., Zhang, X. & Hanson, W. E. H. Current mixed methods practices in qualitative research: A content analysis of leading journals [J]. *International Journal of Qualitative Methods*, 2015, 14（2）: 5-33.

Atay, D. Collaborative dialogue with student teachers as a follow-up to teacher in-service education and training [J]. *Language Teaching Research*, 2004, 8（2）: 143-162.

Barkaoui, K. Do ESL essay raters' evaluation criteria change with experience? A mixed-methods, cross-sectional study [J]. *TESOL Quarterly,* 2010, 44（1）: 31-57.

Bazeley, P. Computerised data analysis for mixed methods research [A]. In Tashakkori, A. & Teddlie, C.（ed.）*Handbook of Mixed Methods in Social & Behavioural Research* [C]. Thousand Oaks: Sage, 2003: 385-422.

Bazeley, P. Issues in mixing qualitative and quantitative approaches to research [A]. In Buber, R., Gadner, J. & Richards, L.（eds.）*Applying Qualitative Methods to Marketing Management Research* [C]. Basingstoke: Palgrave Macmillan, 2004: 141-156.

Benson, P. , Chik, A., Gao, X., Huang, J. & Wang, W. Qualitative research in language teaching and learning journals [J]. *The Modern Language Journal*, 2009, 93（i）: 79-90.

Bergman, M. M. Introduction: Whither mixed methods [A]. In Bergman, M. M.（ed.）*Advances in Mixed Methods Research* [C]. London: Sage, 2008: 1-7.

Bernard, H. R. *Research Methods in Cultural Anthropology* [M]. Newbury Park, CA: Sage, 1988.

Biesta, G. Pragmatism and the philosophical foundations of mixed methods research [A]. In Tashakkori, A. & Teddlie, C.（eds.）*Handbook of Mixed Methods in Social & Behavioural Research* （2nd ed.）[C]. Thousand Oaks: Sage, 2010: 95-117.

Blaikie, N. *Designing Social Research* [M]. Oxford, Blackwell, 2000.

Borg, S. *Teacher Cognition and Language Education* [M]. London: Continuum, 2006.

Borg, S. English language teachers' conceptions of research [J]. *Applied Linguistics*, 2009, 30（3）: 358-388.

Borg, S. & Liu, Y. Chinese college English teachers' research engagement [J]. *TESOL Quarterly*, 2013, 47（2）: 270-299.

Brannen, J. & O'Connell, R. Data analysis: Overview of data analysis strategies [A]. In Hesse-Bieber, S. & Johnson, R.B.（eds.）*Oxford Handbook of Multimethod and Mixed Methods Research Inquiry* [C]. Oxford: Oxford University Press, 2015: 257-274.

Bryman, A. *Quantity and Quality in Social Research* [M]. Boston, MA: Unwin Hyman, 1988.

Bryman, A. *Social Research Methods* [M]. Oxford: Oxford University Press, 2001.

Bryman, A. *Social Research Methods.* （2nd ed）. [M]. Oxford: Oxford University Press, 2004.

Bryman, A. Paradigm peace and the implications for quality [J]. *International Journal of Social Research Methodology*, 2006a, 9 （2）: 111-126.

Bryman, A. Integrating quantitative and qualitative research: How is it done? [J]. *Qualitative Research*, 2006b, 6: 97-113.

Bryman, A. The research question in social research: What is its role? [J]. *Int. J. Social Research Methodology*, 2007, 10 （1）: 5-20.

Bryman, J. *Social Research Methods* （3rd ed.） [M]. Oxford: Oxford University Press, 2008a.

Bryman, A. Why do researchers integrate/combine/mesh/blend/mix/merge/fuse quantitative and qualitative research? In Bergman, M. M. （ed.） *Advances in Mixed Methods Research* [C]. London: Sage, 2008b: 87-100.

Bryman, A., Becker, S. & Sempik, J. Quality criteria for quantitative, qualitative and mixed methods research: A view from social policy [J]. *Int. J. Social Research Methodology*, 2008, 11 （4）: 261-276.

Burns, A. Action research: an evolving paradigm? [J]. *Language Teaching*, 2005, 38: 57-74.

Burns, A. *Doing Action Research in English Language Teaching: A Guide for Practitioners* [M]. New York: Routledge, 2010.

Busch, D. Pre-service teacher beliefs about language learning: The second language acquisition course as an agent for change [J]. *Language Teaching Research*, 2010, 14 （3）: 318-337.

Busse, V. & Walter, C. Foreign language learning motivation in higher education: A longitudinal study of motivational changes and their causes [J]. *The Modern Language Journal*, 2013, 97 （2）: 435-456.

Caldas, S. J. Changing bilingual self-perceptions from early adolescence to early adulthood: empirical evidence from a mixed-methods case study [J]. *Applied Linguistics*, 2007, 29(2): 290-311.

Caracelli, V. J. & Greene, J. C. Data analysis strategies for mixed-method evaluation designs [J]. *Educational Evaluation and Policy Analysis*, 1993, 15: 195-207.

Chang, L. Y. Group processes and EFL learners' motivation: a study of group dynamics in EFL classrooms [J]. *TESOL Quarterly*, 2010, 44 (1) : 129-154.

Chapelle, C. & Duff, P. A. (eds.) Some guidelines for conducting quantitative and qualitative research in TESOL [J]. *TESOL Quarterly*, 2003, 37 (1) : 157-178.

Chen, Y. M. Learning to self-assess oral performance in English: A longitudinal case study [J]. *Language Teaching Research*, 2008, 12/2: 235-262.

Collins, K. M. T. Advanced sampling designs in mixed research: Current practices and emerging trends in the social and behavioural sciences [A]. In Tashakkori, A. & Teddlie, C. (eds.) *Handbook of Mixed Methods in Social & Behavioural Research* (2nd ed) [C]. Thousand Oaks, CA: Sage, 2010: 353-377.

Collins, L. & White, J. An intensive look at intensity and language learning [J]. *TESOL Quarterly*, 2011, 45/1: 106-133.

Copland, F., Garton, S. & Burns, A. Challenges in teaching English to young learners: Global perspectives and local realities [J]. *TESOL Quarterly*, 2014, 48 (4) : 738-762.

Corbin, J. & Strauss, A. *Basics of Qualitative Research: Techniques and Procedures for Developing Grounded Theory* (4th ed.) [M]. Thousand Oaks: Sage, 2014.

Cortazzi, M. *Narrative Analysis* [M]. London: Routledge, 2014.

Creswell, J. W. Research Design: *Qualitative and Quantitative Approaches* [M]. Thousand Oaks, CA: Sage, 1994.

Creswell, J. W. *Qualitative Inquiry & Research Design: Choosing among Five Traditions* [M]. Thousand Oaks: Sage, 1998.

Creswell, J. W. *Research Design: Qualitative, Quantitative, and Mixed Methods Approaches* (2nd ed.) [M]. Thousand Oaks: Sage, 2003.

Creswell, J. W. *Qualitative Inquiry & Research Design: Choosing among Five Approaches* (2nd Ed.) [M]. Thousand Oaks: Sage, 2007.

Creswell, J. W. Mapping the field of mixed methods research [J]. *Journal of Mixed Methods Research*, 2009, 3 (2) : 95-108.

Creswell, J. W. Mapping the developing landscape of mixed methods research [A]. In Tashakkori, A. & Teddlie, C. (eds.) *Handbook of Mixed Methods in Social & Behavioural Research* (2nd ed.) [C]. Thousand Oaks, CA: Sage, 2010: 45-68.

Creswell, J. W. *Qualitative Inquiry & Research Design: Choosing among Five Approaches* (3rd Ed.) [M]. Thousand Oaks: Sage, 2012.

Creswell, J. W. A *Concise Introduction to Mixed Methods Research* [M]. Thousand Oaks, CA: Sage, 2015.

Creswell, J. W., Fetters, M. D. & Ivankova, N. V. Designing a mixed methods study in primary care [J]. *Annuals of Family Medicine,* 2004, 2 (1) : 7-12.

Creswell, J. W., Plano Clark, V. L., Gutmann, M. L. & Hanson, W. E. Advanced mixed methods research designs [A]. In Tashakkori, A. & Teddlie, C. (eds.) *Handbook of Mixed Methods in Social & Behavioural Research* [C]. Thousand Oaks: Sage, 2003: 209-240.

Creswell, J. W. & Plano Clark, V. L. *Designing and conducting mixed methods research* [M]. Thousand Oaks, CA: Sage, 2007.

Creswell, J. W. & Plano Clark, V. L. *Designing and Conducting Mixed Methods Research* (2nd ed.) [M]. Thousand Oaks, CA: Sage, 2011.

Czarniawska, B. *Narratives in Social Research* [M]. Thousand Oaks: Sage. 2004.

Datta, L. A pragmatic basis for mixed-method designs [A]. In Greene, J.C. & Caracelli, V.J. (eds.) *Advances in Mixed-method Evaluation: The Challenges and Benefits of Integrating Diverse Paradigms* [C]. San Francisco: Jossey-Bass, 1997: 53-70.

Davis, K. A. Qualitative theory and methods in applied linguistics research [J]. *TESOL Quarterly*, 1995, 29: 427-453.

Denscombe, M. Communities of practice: a research paradigm for the mixed methods approach [J]. *Journal of Mixed Methods Research*, 2008, 2 (3) : 270-283.

Denzin, N. K. *The Research Act* [M]. Chicago, IL: Aldine, 1970.

Denzin, N. K. *The Qualitative Manifesto: A Call to Arms* [M]. Walnut Creek, CA: Left Coast Press, 2010.

Denzin, N. K. Triangulation 2.0 [J]. *Journal of Mixed Methods Research*, 2012, 6 (2) : 80-88.

Derwing, T. M., Munro, M. J. & Thomson, R. I. A longtudinal study of ESL learners' fluency and comprehensibility development [J]. *Applied Linguistics*, 2007, 29/3: 359-380.

Egbert, J. A study of flow theory in the foreign language classroom [J]. *The Modern Language Journal*, 2003, 87: 499-518.

Feilzer, M.Y. Doing mixed methods research pragmatically: Implications for the rediscovery of pragmatism as a research paradigm [J]. *Journal of Mixed Methods Research*, 2010, 4 (1) : 6-16.

Fetters, M. D. "Haven't we always been doing mixed methods research?" : Lessons learned from the development of the horseless carriage [J]. *Journal of Mixed Methods Research*, 2016, 10（1）: 3-11.

Flick, U. *Managing Quality in Qualitative Research* [M]. London: SAGE, 2008.

Flick, U., Garms-Homolova, V., Herrmann, W. J., Kuck, J. & Rohnsch, G. "I can't prescribe something just because someone asks for it...": Using mixed methods in the framework of triangulation [J]. *Journal of Mixed Methods Research*, 2012, 6（2）: 97-110.

Fung, L. & Carter, R. Discourse markers and spoken English: native and learner use in pedagogic settings [J]. *Applied Linguistics*, 2007, 28（3）: 410-439.

Gao, X., Barkhuizen, G. & Chow, A. "Nowadays, teachers are relatively obedient" : Understanding primary school English teachers' conceptions of and drives for research in China [J]. *Language Teaching Research*, 2010, 15（1）: 61-81.

Greene, J. C. The generative potential of mixed methods inquiry [J]. *International Journal of Research & Method in Education*, 2005: 28（2）: 207-211.

Greene, J. C. *Mixing Methods in Social Inquiry* [M]. San Francisco: Jossey-Bass, 2007.

Greene, J. C. Is mixed methods social inquiry a distinctive methodology? [J]. *Journal of Mixed Methods Research*, 2008, 2（1）: 7-22.

Greene, J. C. Preserving distinctions within the multimethod and mixed methods merger [A]. In Hesse-Bieber, S. & Johnson, R.B.（eds.）*Oxford Handbook of Multimethod and Mixed Methods Research Inquiry* [C]. Oxford: Oxford University Press, 2015: 606-615.

Greene, J. C., Caracelli, V. J. & Graham, W. F. Toward a conceptual framework for mixed methods evaluation designs [J]. *Educational Evaluation and Policy Analysis*, 1989, 11: 255-274.

Greene, J. C. & Caracelli, V. J. Making paradigmatic sense of mixed methods practice [A]. In Tashakkori, A. & Teddlie, C. (eds.) *Handbook of Mixed Methods in Social & Behavioural Research* [C]. Thousand Oaks: Sage, 2003: 91-109.

Greene, J. C. & Hall, J. N. Dialectics and pragmatism: Being of consequence [A]. In Tashakkori, A. & Teddlie, C. (eds.) *Handbook of Mixed Methods in Social & Behavioural Research* (2nd ed.) [C]. Thousand Oaks: Sage, 2010: 119-143.

Guba, E. & Lincoln, Y. Competing paradigms in qualitative research [A]. In Denzin, N. & Lincoln, Y. (eds.) *Handbook of Qualitative Research* [C]. Thousand Oaks, CA: Sage, 1994: 105-177.

Guest, G. Describing mixed methods research: An alternative to typologies [J]. *Journal of Mixed Methods Research*, 2013, 7(2): 141-151.

Guetterman, T. C., Creswell, J. W. & Kuckartz, U. Using joint displays and MAXQDA software to represent the results of mixed methods research [A]. In McCrudden, M. T., Schraw, G. & Buckendahl, C. W. (eds.) *Use of Visual Displays in Research and Testing* [C]. Charlotte, NC: Information Age Publishing, Inc., 2015: 145-175.

Guetterman, T. C., Fetters, M. D. & Creswell, J. W. Integrating quantitative and qualitative results in health science mixed methods research through joint displays [J]. *Annals of Family Medicine*, 2015, 13: 554-561.

Hall, B. & Howard, K. A synergistic approach: conducting mixed methods research with typological and systemic design considerations [J]. *Journal of Mixed Methods Research*, 2008, 2 (3): 248-269.

Hamid, M. O., Sussex, R. & Khan, A. Private tutoring in English for secondary school students in Bangladesh [J]. *TESOL Quarterly*, 2009, 43（2）: 281-308.

Hammersley, M. The relationship between qualitative and quantitative research: Paradigm loyalty versus methodological eclecticism [A]. In Richardson, J. T. E. （ed.）*Handbook of Qualitative Research Methods for Psychology and the Social Sciences* [C]. Leics: British Psychological Society, 1996: 159-174.

Hammersley, M. & Atkinson, P. *Ethnography: Principles in Practice* （3rd ed.）[M]. London: Routledge, 2007.

Hanson, B. Wither qualitative/quantitative? Grounds for methodological convergence [J]. *Quality and Quantity*, 2008, 42: 97-111.

Hashemi, M. R. Reflections on mixing methods in applied linguistics research [J]. *Applied Linguistics*, 2012, 33（2）: 206-212.

Hashemi, M. R. & Babaii, E. Mixed methods research: Toward new research designs in applied linguistics [J]. *The Modern Language Journal*, 2013, 97（4）: 828-852.

Hesse-Biber, S. *Mixed Methods Research: Merging Theory with Practice* [M]. New York: Guilford Press, 2010a.

Hesse-Biber, S. Qualitative approaches to mixed methods practice [J]. *Qualitative Inquiry*, 2010b, 16: 455-468.

Hesse-Biber, S. Feminist approaches to triangulation: Uncovering subjugated knowledge and fostering social change in mixed methods research [J]. *Journal of Mixed Methods Research*, 2012, 6（2）: 137-146.

Horwitz, E. K. The beliefs about language learning of beginning university foreign language students [J]. *Modern Language Journal*, 1988, 72: 283-294.

Ivankova, N. V. & Kawamura, Y. Emerging trends in the utilisation of integrated designs in the social, behavioural, and health sciences [A]. In Tashakkori, A. & Teddlie, C. (eds.) *Handbook of Mixed Methods in Social & Behavioural Research* (2nd ed.) [C]. Thousand Oaks, CA: Sage, 2010: 581-612.

Iwasaki, N. Style shifts among Japanese learners before and after study abroad in Japan: Becoming active social agents in Japanese [J]. *Applied Linguistics*, 2008, 31 (1) : 45-71.

Johnson, B. & Gray, R. A history of philosophical and theoretical issues for mixed methods research [A]. In Tashakkori, A. & Teddlie, C . (eds.) *Handbook of Mixed Methods in Social & Behavioural Research* (2nd ed.) [C]. Thousand Oaks: Sage, 2010: 69-94.

Johnson, R. B. & Onwuegbuzie, A. J. Mixed methods research: A research paradigm whose time has come [J]. *Educational Researcher*, 2004, 33 (7) : 14-26.

Johnson, R. B., Onwuegbuzie, A. & Turner, L. A. Toward a definition of mixed methods research [J]. *Journal of Mixed Methods Research*, 2007, 1: 112-133.

Kissau, S. & Wierzalis, E. Gender identity and homophobia: The impact on adolescent males studying French [J]. *The Modern Language Journal*, 2008, 92: 402-413.

Lambert, C. A task-based needs analysis: Putting principles into practice [J]. *Language Teaching Research*, 2010, 14 (1) : 99-112.

Lazaraton, A. Qualitative research in applied linguistics: A progress report [J]. *TESOL Quarterly*, 1995, 29: 445-472.

Lazaraton, A. Current trends in research methodology and statistics in applied linguistics [J]. *TESOL Quarterly*, 2000, 34: 175-181.

Lazaraton, A. Qualitative and quantitative approaches to discourse analysis [J]. *Annual Review of Applied Linguistics*, 2002, 22: 32-51.

Lazaraton, A. Evaluative criteria for qualitative research in applied linguistics: Whose criteria and whose research? [J]. *The Modern Language Journal*, 2003, 87: 1-12.

Lazaraton, A. Quantitative research methods [A]. In Hinkel, E. (ed.) *Handbook of Research in Second Language Teaching and Learning* [C]. Mahwah: Lawrence Erlbaum, 2005: 209-224.

Lincoln, Y. & Guba, E. *Naturalistic Inquiry* [M]. Beverly Hills, CA: Sage, 1985.

Lincoln, Y. & Guba, E. Do inquiry paradigms imply inquiry methodologies? [A]. In Fetterman, D. (ed.) *Qualitative Approaches to Evaluation in Educational Research* [C]. Newbury Park, CA: Sage, 1988: 89-115.

Lincoln, Y. & Guba, E. Paradigmatic controversies, contradictions, and emerging confluences [A]. In Denzin, N. & Lincoln, Y. (eds.) *Handbook of Qualitative Research* (2nd ed.) [C]. Thousand Oaks, CA: Sage, 2000: 163-189.

Leech, N. L. Interviews with the early developers of mixed methods research [A]. In Tashakkori, A. & Teddlie, C. (eds.) *Handbook of Mixed Methods in Social & Behavioural Research* (2nd ed.) [C]. Thousand Oaks: Sage, 2010: 253-272.

Macaro, E. & Lee, J. H. Teacher language background, codeswitching, and English-only instruction: Does age make a difference to learners' attitudes? [J]. *TESOL Quarterly*, 2013, 47 (4) : 717-742.

MaCintyre, P. D. & Legatto, J. J. A dynamic system approach to willingness to communicate: Developing an idiodynamic method to capture rapidly changing affect [J]. *Applined Linguistics*, 2011, 32 (2) : 149-171.

Mason, J. Mixing methods in a qualitatively-driven way [J]. *Qualitative Research*, 2006, 6: 9-26.

Maxcy, S. J. Pragmatic threads in mixed methods research in the social sciences: The search for multiple modes of inquiry and the end of the philosophy of formalism [A]. In Tashakkori, A. & Teddlie, C. (eds.) *Handbook of Mixed Methods in Social & Behavioural Research* [C]. Thousand Oaks: Sage, 2003: 51-89.

Maxwell, J. A. Expanding the history and range of mixed methods research [J]. *Journal of Mixed Methods Research*, 2016, 10 (1) : 12-27.

Maxwell, J. A. and Loomis, D. M. Mixed methods design: an alternative approach [A]. In Tashakkori, A. and Teddlie, C. (eds.) *Handbook of Mixed Methods in Social & Behavioural Research* [C]. Thousand Oaks, CA: Sage, 2003: 241-271.

Mertens, D. M. Mixed methods and the politics of human research: The transformative-emancipatory perspective [A]. In Tashakkori, A. & Teddlie, C. (eds.) *Handbook of Mixed Methods in Social & Behavioural Research* [C]. Thousand Oaks: Sage, 2003: 135-164.

Mertens, D. M. Transformative paradigm: Mixed methods and social justice [J]. *Journal of Mixed Methods Research*, 2007, 1: 212-225.

Mertens, D. M., Bledsoe, K. L., Sullivan, M. & Wilson, A. Utilisation of mixed methods for transformative purposes [A.]. In Tashakkori, A. & Teddlie, C. (eds.) *Handbook of Mixed Methods in Social & Behavioural Research* (2nd ed.) [C]. Thousand Oaks, CA: Sage, 2010: 193-214.

Mertens, D. M. & Hesse-Biber, S. Triangulation and mixed methods research: provocative positions [J]. *Journal of Mixed Methods Research*, 2012, 6 (2) : 75-79.

Morgan, D. L. Practical strategies for combining qualitative and quantitative methods: Applications to health research [J]. *Qualitative Health Research*, 1998a, 8 (3) : 362-376.

Morgan, D. L. *Planning Focus Groups* [M]. Thousand Oaks: Sage, 1998b.

Morgan, D. L. Paradigms lost and pragmatism regained [J]. *Journal of Mixed Methods Research*, 2007, 1（1）: 48-76.

Morrison, B. Evaluating learning gain in a self-access language learning centre [J]. *Language Teaching Research*, 2005, 9（3）: 267-293.

Morse, J. M. Approaches to qualitative-quantitative methodological triangulation [J]. *Methodology Corner*, 1991, 40: 120-123.

Morse, J. M. Principles of mixed methods and multimethod research design [A]. In Tashakkori, A. & Teddlie, C.（eds.）*Handbook of Mixed Methods in Social & Behavioural Research* [C]. Thousand Oaks, CA: Sage, 2003: 189-208.

Morse, J. M. Procedures and practice of mixed method design: maintaining control, rigor and complexity [A.] In Tashakkori, A. & Teddlie, C.（eds.）*Handbook of Mixed Methods in Social & Behavioural Research*（2nd ed.）[C]. Thousand Oaks, CA: Sage, 2010: 339-352.

Morse, J. M. & Niehaus, L. *Mixed Method Design: Principles and Procedures* [M]. Walnut Creek: Left Coast Press, 2009.

Nassaji, H. L2 vocabulary learning from context: strategies, knowledge sources, and their relationship with success in L2 lexical inferencing [J]. *TESOL Quarterly*, 2003, 37（4）: 645-670.

Nastasi, B. K., Hitchcock, J. H. & Brown, L. M. An inclusive framework for conceptualising mixed methods design typologies: Moving toward fully integrated synergistic research models [A]. In Tashakkori, A. & Teddlie, C.（eds.）*Handbook of Mixed Methods Research*（2nd ed.）[C]. Thousand Oak s: Sage, 2010: 305-338.

Newman, I., Ridenour, C. S., Newman, C. & DeMarco, G. M. P. Jr. A typology of research purposes and its relationship to mixed methods [A]. In Tashakkori, A. & Teddlie, C.（eds.）*Handbook of Mixed Methods in Social & Behavioural Research* [C]. Thousand Oaks: Sage, 2003: 167-188.

Niglas, K. *The Combined Use of Qualitative and Quantitative Methods in Educational Research* [D]. Tallinn: Faculty of Educational Sciences, Tallinn Pedagogical University, 2004.

Niglas, K. The multidimensional model of research methodology: An integrated set of continua [A]. In Tashakkori, A. & Teddlie, C. (eds.) *Mixed Methods in Social & Behavioral Research* (2nd Ed.) [C]. Thousand Oaks, CA: Sage, 2010: 215-236.

Nishino, T. Modeling teacher beliefs and practices in context: A multimethods approach [J]. *The Modern Language Journal*, 2012, 96 (iii) : 380-399.

O'Cathain, A. Assessing the quality of mixed methods research: Toward a comprehensive framework [A]. In Tashakkori, A. & Teddlie, C. (eds.) *Handbook of Mixed Methods in Social & Behavioural Research* (2nd ed.) [C]. Thousand Oaks, CA: Sage, 2010: 531-555.

Onwuegbuzie, A. J. & Hitchcock, J. H. Advanced mixed analysis approaches [A]. In Hesse-Bieber, S. & Johnson, R.B. (eds.) *Oxford Handbook of Multimethod and Mixed Methods Research Inquiry* [C]. Oxford: Oxford University Press, 2015: 275-295.

Onsuegbuzie, A. J. & Leech, N. L. Lingking research questions to mixed methods data analytic procedures [J]. *The Qualitative Report,* 2006, 11: 474-498.

Patton, M.Q. *Qualitative Research and Evaluation Methods* (2nd ed.) [M]. Thousand Oaks: Sage, 1990.

Patton, M. Q. *Qualitative Research and Evaluation Methods* (3rd ed.) [M]. Thousand Oaks: Sage, 2002.

Pelto, P. J. What is so new about mixed methods? [J]. *Qualitative Health Research,* 2015, 25: 734-745.

Plano Clark, V. L., Anderson, N., Wertz, J. A., Zhou, Y, Schumacher, K. & Miaskowski, C. Conceptualising longitudinal mixed methods design: A methodological review of health sciences research [J]. *Journal of Mixed Methods Research*, 2014, 1-23.

Plano Clark, V. L. & Badiee, M. Research questions in mixed methods research [A]. In Tashakkori, A. & Teddlie, C. (eds.) *Handbook of Mixed Methods in Social & Behavioural Research*(2nd ed.)[C]. Thousand Oaks, CA: Sage, 2010: 275-304.

Plano Clark, V. L. & Sanders, K. The use of visual displays in mixed methods research [A]. In McCrudden, M. T., Schraw, G. & Buckendahl, C. W. (eds.) *Use of Visual Displays in Research and Testing* [C]. Charlotte, NC: Information Age Publishing, Inc., 2015: 177-206.

Plonsky, L. & Gass, S. Quantitative research methods, study quality, and outcomes: The case of interaction research [J]. *Language Learning*, 2011, 61: 325-366.

Polio, C. & Zyzik, E. Don Quixote meets *Ser* and *Estar*: Multiple perspectives on language learning in Spanish literature classes [J]. *The Modern Language Journal*, 2009, 93: 550-569.

Potowski, K. Student Spanish use and investment in a dual immersion classroom: implications for second language acquisition and heritage language maintenance [J]. *The Modern Language Journal*, 2004, 88（ⅰ）: 75-101.

Proctor, R. & Capaldi, E. J. *Why Science Matters: Understanding the Methods of Psychological Research* [M]. Malden, MA: Blackwell, 2006.

Razfar, A. & Simon, J. Course-taking patterns of Latino ESL students: mobility and mainstreaming in urban community colleges in the United States [J]. *TESOL Quarterly*, 2011, 45（4）: 595-627.

Richards, K. Trends in qualitative research in language teaching since 2000 [J]. *Language Teaching*, 2009, 42（2）: 147-180.

Rocco, T. S., Bliss, L. A., Gallagher, S., Perez-Prado, A., Alacaci, C., Dwyer, E. S., Fine, J. C. & Pappamihiel, N. E. The pragmatic and dialectical lenses: Two views of mixed methods use in education [A]. In Tashakkori, A. & Teddlie, C.（eds.）*Handbook of Mixed Methods in Social & Behavioural Research* [C]. Thousand Oaks: Sage, 2003: 595-615.

Rossman, G. B. & Wilson, B. L. Numbers and words: combining quantitative and qualitative methods in a single large-scale evaluation study [J]. *Evaluation Review*, 1985, 9: 627-643.

Sampson, R. The language-learning self, self-enhancement activities, and self perceptual change [J]. *Language Teaching Research*, 2012, 16（3）: 317-335.

Sasaki, M. Effects of varying lengths of study-abroad experiences on Japanese EFL students' L2 writing ability and motivation: A longitudinal study [J]. *TESOL Quarterly*, 2011, 45（1）: 81-105.

Sato, M. Beliefs about peer interaction and peer corrective feedback: Efficacy of classroom intervention [J]. *The Modern Language Journal*, 2013, 97（3）: 611-633.

Sleeper, R. W. *The Necessity of Pragmatism: John Dewey's Conception of Philosophy* [M]. New Haven, CT: Yale University Press, 1986.

Slife, B. D. & Williams, R. N. *What's Behind the Research? Discovering Hidden Assumptions in the Behavioural Sciences* [M]. Thousand Oaks: Sage, 1995.

Stake, R. *The Art of Case Study Research* [M]. Thousand Oaks: Sage, 1995.

Steckler, A., McLeroy, K. R., Goodman, R. M., Bird, S. T. & Mc-Cormick, L. Toward integrating qualitative and quantitative methods: An introduction [J]. *Health Education Quarterly*, 1992, 19（1）: 108.

Szostak, R. Interdisciplinary and transdisciplinary multimethod and mixed methods research [A]. In Hesse-Bieber, S. & Johnson, R.B.（eds.）*Oxford Handbook of Multimethod and Mixed Methods Research Inquiry* [C]. Oxford: Oxford University Press, 2015: 128-143.

Taguchi, N. Pragmatic development as a dynamic, complex process: General patterns and case histories [J]. *The Modern Language Journal*, 2011, 95, iv: 605-627.

Tan, M. Mathematics and science teachers' beliefs and practices regarding the teaching of language in content learning [J]. *Language Teaching Research*, 2011, 15（3）: 325-342.

Tashakkori, A. & Creswell, J. W. Editorial: The new era of mixed methods [J]. *Journal of Mixed Methods Research*, 2007, 1: 3-7.

Tashakkori, A. & Teddlie, C. *Mixed Methodology: Combining Qualitative and Quantitative Approaches* [M]. Applied Social Research Methods Series（Vol. 46）. Thousand Oaks: Sage, 1998.

Tashakkori, A. & Teddlie, C.（eds.）*Handbook of Mixed Methods in Social & Behavioural Research* [C]. Thousand Oaks: Sage, 2003a.

Tashakkori, A. & Teddlie, C. The past and future of mixed methods research: from data triangulation to mixed model designs [A]. In Tashakkori, A. & Teddlie, C.（eds.）*Handbook of Mixed Methods in Social & Behavioural Research* [C]. Thousand Oaks, CA: Sage, 2003b: 671-701.

Tashakkori, A. & Teddlie, C. (eds.) *Handbook of Mixed Methods Research* (2nd ed) [C]. Thousand Oaks: Sage, 2010a.

Tashakkori, A. & Teddlie, C. Epilogue: Current developments and emerging trends in integrated research methodology [A.]. In Tashakkori, A. & Teddlie, C. (eds.) *Handbook of Mixed Methods in Social & Behavioural Research* (2nd ed.) [C]. Thousand Oaks, CA: Sage, 2010b: 803-826.

Teddlie, C. & Tashakkori, A. Major issues and controversies in the use of mixed methods in the social and behavioural sciences [A]. In Tashakkori, A. & Teddlie, C. (eds.) *Handbook of Mixed Methods in Social & Behavioural Research* [C]. Thousand Oaks: Sage, 2003: 3-50.

Teddlie, C. & Tashakkori, A. *Foundations of Mixed Methods Research* [M]. Thousand Oaks, CA: Sage, 2009.

Teddlie, C. & Tashakkori, A. Overview of contemporary issues in mixed methods research [A]. In Tashakkori, A. & Teddlie, C. (eds.) *Handbook of Mixed Methods in Social & Behavioural Research* (2nd ed.)[C]. Thousand Oaks: Sage, 2010: 1-41.

Teddlie, C. & Yu, F. Mixed methods sampling: A typology with examples [J]. *Journal of Mixed Methods Research,* 2007, 1: 77-100.

Torrance, H. Triangulation, respondent validation, and democratic participation in mixed methods research [J]. *Journal of Mixed Methods Research,* 2012, 6 (2) : 111-123.

Toth, P. D. When grammar instruction undermines cohesion in L2 Spanish classroom discourse [J]. *The Modern Language Journal,* 2004, 88: 14-30.

Van Ness, P. H., Fried, T. R. & Gill, T. M. Mixed methods for the interpretation of longitudinal gerontologic data: Insights from philosophical hermeneutics [J]. *Journal of Mixed Methods Research,* 2011, 5 (4) : 293-308.

Vickers, C. H. Second language socialisation through team interaction among electrical and computer engineering students [J]. *The Modern Language Journal*, 2007, 91, iv: 621-640.

Webb, E. J., Campbell, D. T., Schwartz, R. D. & Sechrest, L. *Unobtrusive Measures* [M]. Chicago: Rand McNally, 1966.

Westwood, P., Knight, B. A. & Redden, E. Assessing teachers' beliefs about literary acquisition: The development of the Teachers' Beliefs About Literacy Questionnaire（TBALQ）[J]. *Journal of Research in Reading*, 1997, 20: 224-235.

Yardley, L. Dilemmas in qualitative health research [J]. *Psychology and Health*, 2000, 15: 215-228.

Yin, R. K. *Case Study Research: Design and Methods*（5th ed.）[M]. Thousand Oaks: Sage, 2013.

Yin, R. K. Mixed methods research: Are the methods genuinely integrated or merely parallel? [J] *Research in the Schools*, 2006, 13: 41-47.

Ziegler, N. A. Fostering self-regulated learning through the European language portfolio: An embedded mixed methods study [J]. *The Modern Language Journal*, 2014, 98（4）: 921-936.

刘璐, 高一虹. 英语学习动机与自我认同变化跟踪 [J]. *外语与外语教学*, 2012, 2: 32-35.

田丽丽. 形式教学对二语接受型词汇成绩的影响 [J]. *外语与外语教学*, 2011, 2: 52-56.

谢晓燕. 英语专业课堂教师母语使用的数量、功能和原因调查 [J]. *现代外语*, 2011, 8: 271-278.

文秋芳、韩少杰,《英语教学研究方法与案例分析》[M], 上海：上海外语教育出版社, 2011.

张培.《英语教师课堂教学建构：原则与意图》[M]. 天津：天津大学出版社, 2009.

张培. 混合方法研究的范式基础与设计要素 [J]. *中国外语*, 2010, 4: 98-103.

张培, 混合方法研究：范式、设计与质量标准 [J], *天津师范大学学报（社会科学版）*, 2011, 5: 441-444.

张培. 论行动研究 [J]. *天津师范大学学报（社会科学版）*, 2012a, 1: 48-51.

张培. 语言教学研究中的人种志：研究手段与研究原则 [J]. *中国外语*, 2012b, 2: 100-104.

张培. 理论欲求与混合方法设计 [J]. *中国外语*, 2013a, 2: 90-93.

张培,《语言教学研究：质化方法与混合方法》[M], 天津：天津社会科学院出版社, 2013b.

张培. 应用语言学研究中的混合法 [J]. *中国外语*, 2014, 2: 80-87.